Asya Mutfağından Lezzetler 2023
Bir Lezzet Yolculuğu

Mei Lin

içindekiler

Lychee Soslu Karides *10*
Mandalina kızarmış karides *12*
Mangetout ile Karides *13*
Çin Mantarlı Karides *14*
Sote karides ve bezelye *15*
Mango Chutney ile Karides *17*
Pekin karidesleri *19*
biberli karides *20*
Domuz Eti ile Sote Kral Karides *20*
Sherry Soslu Kızarmış Kral Karides *22*
Susamlı kızarmış karides *23*
Kabuklarında sotelenmiş karidesler *24*
Kızarmış karides *25*
Karides Tempura *26*
Sakız *26*
Tofu ile Karides *28*
Domatesli Karides *29*
Domates Soslu Karides *30*
Domates Soslu ve Şili Karidesleri *31*
Domates Soslu Kızarmış Kral Karides *32*
sebzeli karides *33*
Su Kestanesi ile Karides *34*
karides mantısı *35*
Tavuklu Abalone *36*
Kuşkonmazlı Abalon *37*
Mantarlı Abalone *38*
İstiridye soslu Abalone *39*
buğulanmış istiridye *40*
Fasulye filizi ile istiridye *41*
Zencefil ve Sarımsaklı İstiridye *42*
Sote istiridye *43*
yengeç kekleri *44*

yengeç muhallebi 45
Çin yaprak yengeç eti 46
Fasulye Filizi ile Foo Yung Yengeç 47
Zencefilli Yengeç 48
Yengeç Lo Mein 49
Domuz eti ile sote yengeç 51
Kızarmış yengeç eti 52
kızarmış mürekkep balığı topları 53
kanton ıstakozu 54
kızarmış ıstakoz 55
Jambonlu buğulanmış ıstakoz 56
mantarlı ıstakoz 57
Domuz Eti Istakoz Kuyrukları 58
sote ıstakoz 59
ıstakoz yuvaları 60
Siyah fasulye soslu midye 61
Zencefilli Midye 63
Buğulanmış midye 65
Kızarmış istiridyeler 66
pastırma ile istiridye 67
Zencefilli Kızarmış İstiridye 68
Kara Fasulye Soslu İstiridye 69
Bambu filizli deniz tarağı 70
Yumurtalı Deniz Tarağı 71
Brokoli ile deniz tarağı 72
Zencefilli Deniz Tarağı 74
Jambonlu deniz tarağı 75
Otlar ile karıştırılmış deniz tarağı 76
Sote Tarak ve Soğan 77
Sebzeli Deniz Tarağı 78
Biberli deniz tarağı 79
Fasulye filizli kalamar 80
kızarmış kalamar 82
kalamar paketleri 83
kızarmış kalamar ruloları 85
Sote Kalamar 86

Kurutulmuş Mantarlı Kalamar 87
Sebzeli Kalamar 88
Anason ile haşlanmış sığır eti 89
Kuşkonmazlı Dana Eti 89
Bambu Filizli Sığır Eti 90
Bambu Filizi ve Mantarlı Sığır Eti 91
Çin Kızarmış Sığır Eti 92
Fasulye Filizli Dana Eti 93
Brokolili biftek 95
Brokoli ile Susamlı Dana Eti 96
Kızarmış et 97
Kanton sığır eti 98
Havuçlu Dana Eti 99
Kaju Fıstıklı Sığır Eti 100
Yavaş Tencerede Dana Güveç 101
Karnabaharlı Dana Eti 102
Kerevizli Dana Eti 103
Kereviz ile kızarmış dana eti dilimleri 104
Tavuk ve Kereviz ile Rendelenmiş Sığır Eti 105
Şili ile sığır eti 106
Çin Lahanası ile Sığır Eti 108
Dana Pirzola Suey 109
salatalıklı dana eti 110
Sığır Chow Mein 111
salatalık bifteği 113
Fırında dana köri 114
Basit Tavuk Tavada Kızartma 116
Domates Soslu Tavuk 118
domatesli tavuk 119
Haşlanmış domatesli tavuk 120
Siyah Fasulye Soslu Tavuk ve Domates 121
Sebzeli Hızlı Pişmiş Tavuk 122
fındıklı tavuk 123
cevizli tavuk 124
Su Kestaneli Tavuk 125
Su Kestaneli Tuzlu Tavuk 126

tavuk mantısı 128
çıtır tavuk kanatları 129
Beş Baharatlı Tavuk Kanadı 130
Marine edilmiş tavuk kanatları 131
Kraliyet Tavuk Kanadı 133
Baharatlı Tavuk Kanadı 135
Izgara tavuk butları 136
Hoisin Tavuk Butları 137
kızarmış tavuk 138
gevrek kızarmış tavuk 138
Bütün Kızarmış Tavuk 141
beş baharatlı tavuk 142
Zencefil ve frenk soğanı ile tavuk 144
Haşlama Tavuk 145
Kırmızı Pişmiş Tavuk 146
Baharatlı kırmızı pişmiş tavuk 147
Izgara susamlı tavuk 148
soya soslu tavuk 149
buğulanmış tavuk 150
Anasonlu buğulanmış tavuk 151
garip tatma tavuk 152
çıtır tavuk parçaları 153
Yeşil Fasulyeli Tavuk 154
Ananaslı Pişmiş Tavuk 155
Biber ve Domatesli Tavuk 156
Susamlı Tavuk 157
kızarmış poussins 158
Mangetout ile Türkiye 159
biberli hindi 161
çin kızartma hindi 163
ceviz ve mantarlı hindi 164
bambu filizli ördek 165
fasulye filizi ile ördek 166
haşlanmış ördek 167
Kereviz ile buğulanmış ördek 168
zencefilli ördek 169

Yeşil Fasulyeli Ördek 171
kızarmış buğulanmış ördek 173
Egzotik Meyveli Ördek 174
Çin Yapraklı Kızarmış Ördek 176
sarhoş ördek 177
beş baharatlı ördek 178
Zencefilli Tavada Kızarmış Ördek 179
Jambonlu ve Pırasalı Ördek 180
ballı kızarmış ördek 181
ıslak kızarmış ördek 182
Mantarlı kızarmış ördek 184
iki mantarlı ördek 186
Soğanlı Kızarmış Ördek 187
portakallı ördek 189
portakallı kızarmış ördek 190
Armut ve Kestaneli Ördek 191
Pekin ördeği 192
Ananaslı Haşlanmış Ördek 195
Ananaslı Sote Ördek 196
ananas zencefilli ördek 198
Ananas ve Lychees ile Ördek 199
Domuz Eti ve Kestane ile Ördek 200
patatesli ördek 201
Kırmızı Haşlanmış Ördek 203
Pirinç Şarabı Kavrulmuş Ördek 204
Pirinç şarabı ile buğulanmış ördek 205
tuzlu ördek 206
Yeşil Fasulyeli Tuzlu Ördek 207
yavaş pişmiş ördek 209
sote ördek 211
tatlı patates ile ördek 212
tatlı ve ekşi ördek 214
mandalina ördeği 216
sebzeli ördek 216
Sebzeli Sote Ördek 218
Beyaz Pişmiş Ördek 220

şaraplı ördek.. 221

Lychee Soslu Karides

4 kişilik

50 g / 2 oz / ¬Ω tek kap (çok amaçlı)

un

2,5 ml / ¬Ω çay kaşığı tuz

1 yumurta, hafifçe çırpılmış

30 ml / 2 yemek kaşığı su

450 gr soyulmuş karides

kızartma yağı

30 ml / 2 yemek kaşığı fıstık yağı

2 dilim zencefil kökü, doğranmış

30 ml / 2 yemek kaşığı şarap sirkesi

5 ml / 1 çay kaşığı şeker

2,5 ml / ¬Ω çay kaşığı tuz

15 ml / 1 yemek kaşığı soya sosu

200g / 7oz konserve liçi, süzülmüş

Un, tuz, yumurta ve suyu karıştırarak hamur yapın, gerekirse biraz daha su ekleyin. İyice dövülene kadar karideslerle karıştırın. Yağı ısıtın ve karidesleri gevrek ve altın rengi olana kadar birkaç dakika kızartın. Mutfak kağıdına boşaltın ve sıcak servis tabağına yerleştirin. Bu sırada yağı ısıtın ve zencefili 1 dakika kızartın. Şarap sirkesi, şeker, tuz ve soya sosu ekleyin. Liçileri ekleyin ve sıcak olana kadar karıştırın ve sosla kaplayın. Karideslerin üzerine dökün ve hemen servis yapın.

Mandalina kızarmış karides

4 kişilik

60 ml / 4 yemek kaşığı fıstık yağı

1 diş ezilmiş sarımsak

1 dilim zencefil kökü, doğranmış

450 gr soyulmuş karides

30 ml / 2 yemek kaşığı pirinç şarabı veya kuru şeri 30 ml / 2 yemek kaşığı soya sosu

15 ml / 1 yemek kaşığı mısır unu (mısır nişastası)

45 ml / 3 yemek kaşığı su

Yağı ısıtın ve sarımsak ve zencefili hafif altın rengi olana kadar kızartın. Karidesleri ekleyin ve 1 dakika kızartın. Şarap veya şeri ekleyin ve iyice karıştırın. Soya sosu, mısır nişastası ve suyu ekleyip 2 dakika kavurun.

Mangetout ile Karides

4 kişilik

5 adet kuru Çin mantarı
225 gr / 8 ons fasulye filizi
60 ml / 4 yemek kaşığı fıstık yağı
5 ml / 1 çay kaşığı tuz
2 sap kereviz doğranmış
4 taze soğan (yeşil soğan), doğranmış
2 diş ezilmiş sarımsak
2 dilim zencefil kökü, doğranmış
60 ml / 4 yemek kaşığı su
15 ml / 1 yemek kaşığı soya sosu
15 ml / 1 yemek kaşığı pirinç şarabı veya sek şeri
8 ons / 225 gr kar bezelyesi
225 gr / 8 ons soyulmuş karides
15 ml / 1 yemek kaşığı mısır unu (mısır nişastası)

Mantarları ılık suda 30 dakika bekletin, sonra süzün. Sapları atın ve üstleri kesin. Fasulye filizlerini kaynar suda 5 dakika haşlayın ve iyice süzün. Yağın yarısını ısıtın ve tuzu, kerevizi, taze soğanları ve fasulye filizlerini 1 dakika kavurun, ardından tavadan alın. Kalan yağı ısıtın ve sarımsak ve zencefili hafif altın rengi olana kadar kızartın. Suyun yarısını, soya sosu, şarap veya şeri, bezelye ve karides ekleyin, kaynatın ve 3 dakika pişirin. Mısır unu ve kalan suyu bir macun haline getirin, tavaya karıştırın ve sos kalınlaşana kadar karıştırarak pişirin. Sebzeleri tavaya geri koyun, iyice ısınana kadar pişirin. Bir kerede servis yapın.

Çin Mantarlı Karides

4 kişilik

8 adet kurutulmuş Çin mantarı
45 ml / 3 yemek kaşığı fıstık yağı (yer fıstığı)
3 dilim zencefil kökü, doğranmış
450 gr soyulmuş karides
15 ml / 1 yemek kaşığı soya sosu
5 ml / 1 çay kaşığı tuz
60 ml / 4 yemek kaşığı balık suyu

Mantarları ılık suda 30 dakika bekletin, sonra süzün. Sapları atın ve üstleri kesin. Yağın yarısını ısıtın ve zencefili hafifçe altın rengi olana kadar kızartın. Karidesleri, soya sosunu ve tuzu ilave edip sıvı yağ ile kaplanana kadar soteledikten sonra tavadan alın. Kalan yağı ısıtın ve mantarları yağla kaplanana kadar kızartın. Et suyunu ekleyin, kaynatın, örtün ve 3 dakika pişirin. Karidesleri tavaya alın ve ısıtılana kadar karıştırın.

Sote karides ve bezelye

4 kişilik

450 gr soyulmuş karides
5 ml / 1 çay kaşığı susam yağı
5 ml / 1 çay kaşığı tuz
30 ml / 2 yemek kaşığı fıstık yağı
1 diş ezilmiş sarımsak
1 dilim zencefil kökü, doğranmış
8 oz / 225g beyazlatılmış veya dondurulmuş bezelye, çözülmüş
4 taze soğan (yeşil soğan), doğranmış
30 ml / 2 yemek kaşığı su
tuz ve biber

Karidesleri susam yağı ve tuzla karıştırın. Yağı ısıtın ve sarımsak ve zencefili 1 dakika kızartın. Karidesleri ekleyin ve

2 dakika kızartın. Bezelye ekleyin ve 1 dakika kızartın. Frenk soğanı ve suyu ekleyin ve istenirse tuz ve karabiber ve biraz daha susam yağı ekleyin. Servis yapmadan önce dikkatlice karıştırarak ısıtın.

Mango Chutney ile Karides

4 kişilik

12 karides

tuz ve biber

1 limon suyu

30 ml / 2 yemek kaşığı mısır unu (mısır nişastası)

1 kulp

5 ml / 1 çay kaşığı hardal tozu

5 ml / 1 çay kaşığı bal

30 ml / 2 yemek kaşığı hindistan cevizi kreması

30 ml / 2 yemek kaşığı hafif köri tozu

120 ml / 4 fl oz / ¬Ω fincan tavuk suyu

45 ml / 3 yemek kaşığı fıstık yağı (yer fıstığı)

2 diş kıyılmış sarımsak

2 yeşil soğan (yeşil soğan), doğranmış

1 rezene ampulü, doğranmış

100g / 4oz mango turşusu

Karidesleri, kuyrukları bozulmadan soyun. Tuz, karabiber ve limon suyu serpin ve ardından mısır ununun yarısını üzerine ekleyin. Mangoyu soyun, eti kemiğinden ayırın ve ardından eti küp küp doğrayın. Hardal, bal, hindistancevizi kreması, köri tozu, kalan mısır nişastası ve et suyunu karıştırın. Yağın yarısını ısıtın ve sarımsak, frenk soğanı ve rezeneyi 2 dakika kızartın. Et suyu karışımını ekleyin, kaynatın ve 1 dakika pişirin. Mango küplerini ve acı sosu ekleyin ve hafifçe ısıtın, ardından ılık servis tabağına aktarın. Kalan yağı ısıtın ve karidesleri 2 dakika kızartın. Onları sebzelerin üzerine yerleştirin ve hepsini aynı anda servis edin.

Pekin karidesleri

4 kişilik

30 ml / 2 yemek kaşığı fıstık yağı

2 diş ezilmiş sarımsak

1 dilim zencefil kökü, ince kıyılmış

225 gr / 8 ons soyulmuş karides

4 taze soğan (yeşil soğan), kalın dilimlenmiş

120 ml / 4 fl oz / ¬Ω fincan tavuk suyu

5 ml / 1 çay kaşığı esmer şeker

5 ml / 1 çay kaşığı soya sosu

5 ml / 1 çay kaşığı kuru üzüm sosu

5 ml / 1 çay kaşığı tabasco sosu

Yağı sarımsak ve zencefil ile ısıtın ve sarımsak hafifçe altın rengi olana kadar kızartın. Karidesleri ekleyin ve 1 dakika kızartın. Frenk soğanı ekleyin ve 1 dakika kızartın. Kalan malzemeleri ekleyin, kaynatın, örtün ve ara sıra karıştırarak 4 dakika pişirin. Baharatı kontrol edin ve isterseniz biraz daha tabasco sosu ekleyin.

biberli karides

4 kişilik

30 ml / 2 yemek kaşığı fıstık yağı
1 adet küçük parçalar halinde doğranmış yeşil biber
450 gr soyulmuş karides
10 ml / 2 çay kaşığı mısır unu (mısır nişastası)
60 ml / 4 yemek kaşığı su
5 ml / 1 çay kaşığı pirinç şarabı veya sek şeri
2,5 ml / ¬Ω çay kaşığı tuz
45 ml / 2 yemek kaşığı domates püresi (salça)

Yağı ısıtın ve biberi 2 dakika kızartın. Karides ve domates püresini ekleyin ve iyice karıştırın. Mısır unu suyunu, şarabı veya şeri ve tuzu bir macun haline getirin, tavaya karıştırın ve sos incelip kalınlaşana kadar karıştırarak pişirin.

Domuz Eti ile Sote Kral Karides

4 kişilik

225 gr / 8 ons soyulmuş karides

100g / 4oz yağsız domuz eti, kıyılmış
60 ml / 4 yemek kaşığı pirinç şarabı veya sek şeri
1 yumurta akı
45 ml / 3 yemek kaşığı mısır unu (mısır nişastası)
5 ml / 1 çay kaşığı tuz
15 ml / 1 yemek kaşığı su (isteğe bağlı)
90 ml / 6 yemek kaşığı fıstık yağı
45 ml / 3 yemek kaşığı balık suyu
5 ml / 1 çay kaşığı susam yağı

Karides ve domuz etini ayrı tabaklara koyun. 45 ml / 3 yemek kaşığı şarap veya şeri, yumurta akı, 30 ml / 2 yemek kaşığı mısır unu ve tuzu gevşek bir hamur olacak şekilde karıştırın, gerekirse su ekleyin. Karışımı domuz eti ve karides arasında bölün ve eşit şekilde kaplamak için iyice atın. Yağı ısıtın ve domuz eti ile karidesleri altın rengi kahverengi olana kadar birkaç dakika kızartın. Tavadan çıkarın ve 15ml / 1 çorba kaşığı yağ dışında hepsini dökün. Kalan şarap veya şeri ve mısır unu ile tavaya et suyu ekleyin. Bir kaynamaya getirin ve sos kalınlaşana kadar karıştırarak pişirin. Karides ve domuz eti üzerine dökün ve susam yağı serperek servis yapın.

Sherry Soslu Kızarmış Kral Karides

4 kişilik

50 g / 2 oz / ¬Ω fincan sade un (çok amaçlı)

2,5 ml / ¬Ω çay kaşığı tuz

1 yumurta, hafifçe çırpılmış

30 ml / 2 yemek kaşığı su

450 gr soyulmuş karides

kızartma yağı

15 ml / 1 yemek kaşığı fıstık yağı

1 ince doğranmış soğan

45 ml / 3 yemek kaşığı pirinç şarabı veya sek şeri

15 ml / 1 yemek kaşığı soya sosu

120 ml / 4 fl oz / ¬Ω fincan balık suyu

10 ml / 2 çay kaşığı mısır unu (mısır nişastası)

30 ml / 2 yemek kaşığı su

Un, tuz, yumurta ve suyu karıştırarak hamur yapın, gerekirse biraz daha su ekleyin. İyice dövülene kadar karideslerle karıştırın. Yağı ısıtın ve karidesleri gevrek ve altın rengi olana kadar birkaç dakika kızartın. Mutfak kağıdına boşaltın ve sıcak servis tabağına yerleştirin. Bu arada, yağı ısıtın ve soğanı yumuşayana kadar kızartın. Şarap veya şeri, soya sosu ve et suyunu ekleyin, kaynatın ve 4 dakika pişirin. Mısır unu ve suyu bir macun haline getirin, tavaya karıştırın ve sos incelip kalınlaşana kadar karıştırarak pişirin. Sosu karideslerin üzerine dökün ve servis yapın.

Susamlı kızarmış karides

4 kişilik
450 gr soyulmuş karides
¬Ω yumurta akı
5 ml / 1 çay kaşığı soya sosu
5 ml / 1 çay kaşığı susam yağı
50 g / 2 oz / ¬Ω su bardağı mısır unu (mısır nişastası)
tuz ve taze çekilmiş beyaz biber
kızartma yağı
60 ml / 4 yemek kaşığı susam
Lahana Yaprakları

Karidesleri yumurta akı, soya sosu, susam yağı, mısır nişastası, tuz ve karabiberle karıştırın. Karışım çok kalınsa biraz su ekleyin. Yağı ısıtın ve karidesleri hafifçe kızarana kadar birkaç dakika kızartın. Bu arada, susam tohumlarını kuru bir tavada kızarana kadar kısaca kızartın. Karidesleri süzün ve susamla karıştırın. Bir marul yatağında servis yapın.

Kabuklarında sotelenmiş karidesler

4 kişilik

60 ml / 4 yemek kaşığı fıstık yağı
750 gr / 1¬Ω lb soyulmamış karides
3 taze soğan (yeşil soğan), doğranmış
3 dilim zencefil kökü, doğranmış
2,5 ml / ¬Ω çay kaşığı tuz
15 ml / 1 yemek kaşığı pirinç şarabı veya sek şeri
120 ml / 4 fl oz / ¬Ω fincan domates sosu (ketçap)
15 ml / 1 yemek kaşığı soya sosu
15ml / 1 yemek kaşığı şeker
15 ml / 1 yemek kaşığı mısır unu (mısır nişastası)
60 ml / 4 yemek kaşığı su

Yağı ısıtın ve karidesleri pişmişse 1 dakika, çiğse pembeleşinceye kadar kızartın. Taze soğan, zencefil, tuz ve şarap veya şeri ekleyin ve 1 dakika pişirin. Domates sosu, soya sosu ve şekeri ekleyip 1 dakika kavurun. Mısır unu ve suyu karıştırın, tavaya karıştırın ve sos incelip koyulaşana kadar karıştırarak pişirin.

Kızarmış karides

4 kişilik

75 gr / 3 oz / tepeleme ¬° bardak mısır unu (mısır nişastası)
1 yumurta akı
5 ml / 1 çay kaşığı pirinç şarabı veya sek şeri
tuz
350g / 12oz soyulmuş karides
kızartma yağı

Kalın bir hamur yapmak için mısır unu, yumurta akı, şarap veya şeri ve bir tutam tuzu çırpın. Karidesleri iyice ezilene kadar hamura batırın. Yağı orta derecede kızana kadar ısıtın ve karidesleri birkaç dakika kızarana kadar kızartın. Yağdan çıkarın, kızana kadar ısıtın ve karidesleri gevrek ve altın rengi olana kadar tekrar kızartın.

Karides Tempura

4 kişilik

450 gr soyulmuş karides
30 ml / 2 yemek kaşığı sade un (çok amaçlı)
30 ml / 2 yemek kaşığı mısır unu (mısır nişastası)
30 ml / 2 yemek kaşığı su
2 çırpılmış yumurta
kızartma yağı

Karidesleri iç kıvrımın ortasından kesin ve bir kelebek oluşturacak şekilde yayın. Un, mısır nişastası ve suyu hamur haline gelene kadar karıştırın, ardından yumurtaları ekleyin. Yağı ısıtın ve karidesleri kızarana kadar kızartın.

Sakız

4 kişilik

30 ml / 2 yemek kaşığı fıstık yağı

2 yeşil soğan (yeşil soğan), doğranmış

1 diş ezilmiş sarımsak

1 dilim zencefil kökü, doğranmış

100g / 4oz tavuk göğsü, şeritler halinde kesilmiş

100g / 4oz jambon, şeritler halinde kesilmiş

100g / 4oz bambu filizleri, şeritler halinde kesilmiş

100g / 4oz su kestanesi, şeritler halinde kesilmiş

225 gr / 8 ons soyulmuş karides

30 ml / 2 yemek kaşığı soya sosu

30 ml / 2 yemek kaşığı pirinç şarabı veya sek şeri

5 ml / 1 çay kaşığı tuz

5 ml / 1 çay kaşığı şeker

5 ml / 1 tatlı kaşığı mısır unu (mısır nişastası)

Yağı ısıtın ve taze soğan, sarımsak ve zencefili hafif altın rengi olana kadar kızartın. Tavuğu ekleyin ve 1 dakika kızartın. Jambonu, bambu filizlerini ve kestaneleri ekleyin ve 3 dakika kızartın. Karidesleri ekleyin ve 1 dakika kızartın. Soya sosu, şarap veya şeri, tuz ve şekeri ekleyin ve 2 dakika pişirin. Mısır ununu biraz su ile karıştırıp tencereye alın ve kısık ateşte 2 dakika karıştırarak pişirin.

Tofu ile Karides

4 kişilik

45 ml / 3 yemek kaşığı fıstık yağı (yer fıstığı)
8 oz / 225g tofu, küp doğranmış
1 taze soğan (yeşil soğan), doğranmış
1 diş ezilmiş sarımsak
15 ml / 1 yemek kaşığı soya sosu
5 ml / 1 çay kaşığı şeker
90 ml / 6 yemek kaşığı balık suyu
225 gr / 8 ons soyulmuş karides
15 ml / 1 yemek kaşığı mısır unu (mısır nişastası)
45 ml / 3 yemek kaşığı su

Yağın yarısını ısıtın ve tofuyu hafif altın rengi olana kadar kızartın, ardından tavadan çıkarın. Kalan yağı ısıtın ve taze soğanları ve sarımsakları hafif altın rengi olana kadar kızartın. Soya sosu, şeker ve et suyunu ekleyin ve kaynatın. Karidesleri ekleyin ve 3 dakika kısık ateşte karıştırın. Mısır unu ve suyu bir macun haline getirin, tavaya karıştırın ve sos kalınlaşana kadar karıştırarak pişirin. Tofuyu tavaya geri koyun ve iyice ısınana kadar pişirin.

Domatesli Karides

4 kişilik

2 yumurta akı
30 ml / 2 yemek kaşığı mısır unu (mısır nişastası)
5 ml / 1 çay kaşığı tuz
450 gr soyulmuş karides
kızartma yağı
30 ml / 2 yemek kaşığı pirinç şarabı veya sek şeri
8 oz / 225g domates, kabuğu çıkarılmış, çekirdekleri çıkarılmış ve doğranmış

Yumurta akı, mısır nişastası ve tuzu karıştırın. İyi kaplanana kadar karides ekleyin. Yağı ısıtın ve karidesleri pişene kadar kızartın. 15 ml / 1 çorba kaşığı yağ dışında hepsini dökün ve tekrar ısıtın. Şarap veya şeri ve domatesleri ekleyin ve kaynatın. Karides ekleyin ve servis yapmadan önce hızlıca ısıtın.

Domates Soslu Karides

4 kişilik

30 ml / 2 yemek kaşığı fıstık yağı

1 diş ezilmiş sarımsak

2 dilim zencefil kökü, doğranmış

2,5 ml / ¬Ω çay kaşığı tuz

15 ml / 1 yemek kaşığı pirinç şarabı veya sek şeri

15 ml / 1 yemek kaşığı soya sosu

6 ml / 4 yemek kaşığı domates sosu (ketçap)

120 ml / 4 fl oz / ¬Ω fincan balık suyu

350g / 12oz soyulmuş karides

10 ml / 2 çay kaşığı mısır unu (mısır nişastası)

30 ml / 2 yemek kaşığı su

Yağı ısıtın ve sarımsak, zencefil ve tuzu 2 dakika kızartın. Şarap veya şeri, soya sosu, domates sosu ve suyu ekleyin ve kaynatın. Karides ekleyin, örtün ve 2 dakika pişirin. Mısır unu ve suyu bir macun haline getirin, tavaya karıştırın ve sos incelip kalınlaşana kadar karıştırarak pişirin.

Domates Soslu ve Şili Karidesleri

4 kişilik

60 ml / 4 yemek kaşığı fıstık yağı
15 ml / 1 yemek kaşığı kıyılmış zencefil
15 ml / 1 yemek kaşığı kıyılmış sarımsak
15 ml / 1 yemek kaşığı kıyılmış taze soğan
60 ml / 4 yemek kaşığı domates püresi (salça)
15 ml / 1 yemek kaşığı acı sos
450 gr soyulmuş karides
15 ml / 1 yemek kaşığı mısır unu (mısır nişastası)
15 ml / 1 yemek kaşığı su

Yağı ısıtın ve zencefil, sarımsak ve taze soğanı 1 dakika kızartın. Domates püresini ve biber salçasını ekleyip iyice karıştırın. Karidesleri ekleyin ve 2 dakika kızartın. Mısır unu ve suyu macun kıvamına gelene kadar karıştırıp tencereye alın ve sos koyulaşana kadar pişirin. Bir kerede servis yapın.

Domates Soslu Kızarmış Kral Karides

4 kişilik

50 g / 2 oz / ¬Ω fincan sade un (çok amaçlı)

2,5 ml / ¬Ω çay kaşığı tuz

1 yumurta, hafifçe çırpılmış

30 ml / 2 yemek kaşığı su

450 gr soyulmuş karides

kızartma yağı

30 ml / 2 yemek kaşığı fıstık yağı

1 ince doğranmış soğan

2 dilim zencefil kökü, doğranmış

75 ml / 5 yemek kaşığı domates sosu (ketçap)

10 ml / 2 çay kaşığı mısır unu (mısır nişastası)

30 ml / 2 yemek kaşığı su

Un, tuz, yumurta ve suyu karıştırarak hamur yapın, gerekirse biraz daha su ekleyin. İyice dövülene kadar karideslerle karıştırın. Yağı ısıtın ve karidesleri gevrek ve altın rengi olana kadar birkaç dakika kızartın. Kağıt havluların üzerine boşaltın.

Bu arada, yağı ısıtın ve soğanı ve zencefili yumuşayana kadar kızartın. Domates sosu ekleyin ve 3 dakika pişirin. Mısır unu ve suyu bir macun haline getirin, tavaya karıştırın ve sos kalınlaşana kadar karıştırarak pişirin. Karidesleri tavaya ekleyin ve iyice ısınana kadar pişirin. Bir kerede servis yapın.

sebzeli karides

4 kişilik

15 ml / 1 yemek kaşığı fıstık yağı
225 gr / 8 ons brokoli çiçeği
225g / 8 ons mantar
225 gr / 8 ons bambu filizi, dilimlenmiş
450 gr soyulmuş karides
120 ml / 4 fl oz / ¬Ω fincan tavuk suyu
5 ml / 1 tatlı kaşığı mısır unu (mısır nişastası)
5 ml / 1 çay kaşığı istiridye sosu
2,5 ml / ¬Ω çay kaşığı şeker
2,5 ml / ¬Ω çay kaşığı rendelenmiş zencefil kökü
bir tutam taze çekilmiş biber

Yağı ısıtın ve brokoliyi 1 dakika kızartın. Mantarları ve bambu filizlerini ekleyip 2 dakika kavurun. Karidesleri ekleyin ve 2 dakika kızartın. Kalan malzemeleri karıştırın ve karides karışımına karıştırın. Kaynatın, karıştırın, ardından sürekli karıştırarak 1 dakika pişirin.

Su Kestanesi ile Karides

4 kişilik

60 ml / 4 yemek kaşığı fıstık yağı

1 diş kıyılmış sarımsak

1 dilim zencefil kökü, doğranmış

450 gr soyulmuş karides

2 yemek kaşığı / 30ml pirinç şarabı veya kuru şeri 8 ons / 225g kestane, dilimlenmiş

30 ml / 2 yemek kaşığı soya sosu

15 ml / 1 yemek kaşığı mısır unu (mısır nişastası)

45 ml / 3 yemek kaşığı su

Yağı ısıtın ve sarımsak ve zencefili hafif altın rengi olana kadar kızartın. Karidesleri ekleyin ve 1 dakika kızartın. Şarap veya şeri ekleyin ve iyice karıştırın. Su kestanelerini ekleyip 5 dakika kavurun. Malzemelerin geri kalanını ekleyin ve 2 dakika kızartın.

karides mantısı

4 kişilik

450g / 1lb soyulmuş karides, doğranmış
8 oz / 225g karışık yeşillik, doğranmış
15 ml / 1 yemek kaşığı soya sosu
2,5 ml / ¬Ω çay kaşığı tuz
birkaç damla susam yağı
40 wonton görünüm
kızartma yağı

Karides, sebze, soya sosu, tuz ve susam yağını karıştırın.

Wontonları katlamak için deriyi sol avucunuzun içinde tutun ve ortasına bir miktar dolgu koyun. Kenarları yumurta ile nemlendirin ve cildi kenarlarını kapatarak üçgen şeklinde katlayın. Köşeleri yumurta ile nemlendirin ve çevirin.

Yağı ısıtın ve wontonları her seferinde birkaç tane kızarana kadar kızartın. Servis yapmadan önce iyice süzün.

Tavuklu Abalone

4 kişilik

400g / 14oz konserve deniz kulağı

30 ml / 2 yemek kaşığı fıstık yağı

100g / 4oz tavuk göğsü, doğranmış

100 gr / 4 ons bambu filizi, dilimlenmiş

250 ml / 8 fl oz / 1 su bardağı balık suyu

15 ml / 1 yemek kaşığı pirinç şarabı veya sek şeri

5 ml / 1 çay kaşığı şeker

2,5 ml / ¬Ω çay kaşığı tuz

15 ml / 1 yemek kaşığı mısır unu (mısır nişastası)

45 ml / 3 yemek kaşığı su

Suyunu ayırarak denizkulağının suyunu süzün ve dilimleyin. Yağı ısıtın ve tavuğu hafif bir renk alana kadar kızartın. Denizkulağı ve bambu filizlerini ekleyin ve 1 dakika kızartın.

Abalon sıvısını, suyu, şarabı veya şeriyi, şekeri ve tuzu ekleyin, kaynatın ve 2 dakika pişirin. Mısır unu ve suyu bir macun haline getirin ve sos incelip kalınlaşana kadar karıştırarak pişirin. Bir kerede servis yapın.

Kuşkonmazlı Abalon

4 kişilik

10 adet kuru Çin mantarı

30 ml / 2 yemek kaşığı fıstık yağı

15 ml / 1 yemek kaşığı su

225 gr / 8 ons kuşkonmaz

2,5 ml / ¬Ω çay kaşığı balık sosu

15 ml / 1 yemek kaşığı mısır unu (mısır nişastası)

8 oz / 225g konserve abalone, dilimlenmiş

60 ml / 4 yemek kaşığı et suyu

¬Ω küçük havuç, dilimlenmiş

5 ml / 1 çay kaşığı soya sosu

5 ml / 1 çay kaşığı istiridye sosu

5 ml / 1 çay kaşığı pirinç şarabı veya sek şeri

Mantarları ılık suda 30 dakika bekletin, sonra süzün. Sapları atın. 15 ml / 1 çorba kaşığı yağı su ile ısıtın ve mantarları 10 dakika kızartın. Bu sırada kuşkonmazı balık sosu ve 5ml/1 çay kaşığı mısır unu ile kaynayan suda yumuşayana kadar pişirin. İyice süzün ve mantarlarla birlikte ısıtılmış bir servis tabağına alın. Onları sıcak tut. Kalan yağı ısıtın ve deniz kulağını birkaç saniye kızartın, ardından et suyu, havuç, soya sosu, istiridye sosu, şarap veya şeri ve mısır nişastasının geri kalanını ekleyin. Tamamen pişene kadar yaklaşık 5 dakika pişirin, ardından kuşkonmazın üzerine dökün ve servis yapın.

Mantarlı Abalone

4 kişilik

6 adet kuru Çin mantarı

400g / 14oz konserve deniz kulağı

45 ml / 3 yemek kaşığı fıstık yağı (yer fıstığı)

2,5 ml / ¬Ω çay kaşığı tuz

15 ml / 1 yemek kaşığı pirinç şarabı veya sek şeri
3 taze soğan (yeşil soğan), kalın dilimlenmiş

Mantarları ılık suda 30 dakika bekletin, sonra süzün. Sapları atın ve üstleri kesin. Suyunu ayırarak denizkulağının suyunu süzün ve dilimleyin. Yağı ısıtın ve tuzu ve mantarları 2 dakika kızartın. Denizkulağı sıvısını ve şeriyi ekleyin, kaynatın, üzerini kapatın ve 3 dakika pişirin. Abalone ve taze soğanları ekleyin ve iyice ısınana kadar pişirin. Bir kerede servis yapın.

İstiridye soslu Abalone

4 kişilik

400g / 14oz konserve deniz kulağı
15 ml / 1 yemek kaşığı mısır unu (mısır nişastası)
15 ml / 1 yemek kaşığı soya sosu
45 ml / 3 yemek kaşığı istiridye sosu
30 ml / 2 yemek kaşığı fıstık yağı
50g / 2oz tütsülenmiş jambon, doğranmış

Denizkulağı kutusunu boşaltın ve 90 ml / 6 yemek kaşığı sıvı ayırın. Bunu mısır unu, soya sosu ve istiridye sosuyla karıştırın. Yağı ısıtın ve süzülmüş denizkulağı 1 dakika kızartın. Sos karışımını ekleyin ve kısık ateşte karıştırarak, tamamen ısınana kadar yaklaşık 1 dakika pişirin. Sıcak servis tabağına aktarın ve jambonla süsleyerek servis yapın.

buğulanmış istiridye

4 kişilik

24 istiridye

İstiridyeleri iyice ovun, ardından birkaç saat tuzlu suda bekletin. Akan su altında durulayın ve sığ bir ateşe dayanıklı kaba yerleştirin. Bir buharlayıcıdaki rafa yerleştirin, üzerini örtün ve tüm istiridyeler açılıncaya kadar yaklaşık 10 dakika kaynayan su üzerinde buharlayın. Kapalı kalanları atın. Soslarla servis yapın.

Fasulye filizi ile istiridye

4 kişilik
24 istiridye
15 ml / 1 yemek kaşığı fıstık yağı
150g / 5 ons fasulye filizi
1 adet şeritler halinde kesilmiş yeşil biber
2 yeşil soğan (yeşil soğan), doğranmış
15 ml / 1 yemek kaşığı pirinç şarabı veya sek şeri
tuz ve taze çekilmiş karabiber
2,5 ml / ¬Ω çay kaşığı susam yağı
50g / 2oz tütsülenmiş jambon, doğranmış

İstiridyeleri iyice ovun, ardından birkaç saat tuzlu suda bekletin. Akan su ile durulayın. Bir tencerede suyu kaynatın, istiridyeleri ekleyin ve açılıncaya kadar birkaç dakika pişirin. Kapalı kalanları boşaltın ve atın. İstiridyeleri kabuklarından çıkarın.

Yağı ısıtın ve fasulye filizlerini 1 dakika kızartın. Biber ve frenk soğanı ekleyin ve 2 dakika kızartın. Şarap veya şeri ekleyin ve tuz ve karabiber ekleyin. Isıttıktan sonra istiridyeleri ekleyin ve iyice karışana ve ısıtılana kadar karıştırın. Sıcak servis tabağına aktarın ve üzerine susam yağı ve jambon serperek servis yapın.

Zencefil ve Sarımsaklı İstiridye

4 kişilik

24 istiridye
15 ml / 1 yemek kaşığı fıstık yağı
2 dilim zencefil kökü, doğranmış
2 diş ezilmiş sarımsak
15 ml / 1 yemek kaşığı su

5 ml / 1 çay kaşığı susam yağı
tuz ve taze çekilmiş karabiber

İstiridyeleri iyice ovun, ardından birkaç saat tuzlu suda bekletin. Akan su ile durulayın. Yağı ısıtın ve zencefil ve sarımsağı 30 saniye kızartın. İstiridyeleri, suyu ve susam yağını ekleyin, kapağını kapatın ve midyeler açılıncaya kadar yaklaşık 5 dakika pişirin. Kapalı kalanları atın. Tuz ve karabiberle hafifçe tatlandırın ve hemen servis yapın.

Sote istiridye

4 kişilik
24 istiridye
60 ml / 4 yemek kaşığı fıstık yağı
4 diş sarımsak, kıyılmış
1 doğranmış soğan
2,5 ml / ¬Ω çay kaşığı tuz

İstiridyeleri iyice ovun, ardından birkaç saat tuzlu suda bekletin. Akan su altında durulayın ve ardından kurutun. Yağı ısıtın ve sarımsak, soğan ve tuzu yumuşayana kadar kızartın. İstiridyeleri ekleyin, üzerini kapatın ve tüm kabuklar açılana kadar yaklaşık 5 dakika kısık ateşte pişirin. Kapalı kalanları atın. Yağ ile teyelleyerek 1 dakika daha hafifçe kızartın.

yengeç kekleri

4 kişilik

225 gr / 8 ons fasulye filizi
4 yemek kaşığı / 60 ml fıstık yağı 4 ons / 100 gr şeritler halinde kesilmiş bambu filizleri
1 doğranmış soğan
8 ons / 225g yengeç eti, kuşbaşı
4 yumurta, hafifçe çırpılmış

15 ml / 1 yemek kaşığı mısır unu (mısır nişastası)

30 ml / 2 yemek kaşığı soya sosu

tuz ve taze çekilmiş karabiber

Fasulye filizlerini kaynar suda 4 dakika haşladıktan sonra süzün. Yağın yarısını ısıtın ve fasulye filizlerini, bambu filizlerini ve soğanı yumuşayana kadar kızartın. Ateşten alın ve yağ hariç diğer malzemelerle karıştırın. Kalan yağı temiz bir tavada ısıtın ve küçük kekler yapmak için yengeç eti karışımından yemek kaşığı kızartın. Her iki tarafı da hafifçe altın rengi olana kadar kızartın ve ardından hepsini bir kerede servis edin.

yengeç muhallebi

4 kişilik

225g / 8oz yengeç eti

5 çırpılmış yumurta

1 taze soğan (soğan) ince kıyılmış

250 ml / 8 fl oz / 1 bardak su

5 ml / 1 çay kaşığı tuz

5 ml / 1 çay kaşığı susam yağı

Tüm malzemeleri iyice karıştırın. Bir kaseye koyun, üzerini örtün ve sıcak su üzerinde bir su banyosunun üstüne veya buharlı pişirici rafına yerleştirin. Ara sıra karıştırarak muhallebi kıvamına gelene kadar yaklaşık 35 dakika buharda pişirin. Pirinçle servis yapın.

Çin yaprak yengeç eti

4 kişilik

450 gr rendelenmiş çin yaprağı

45 ml / 3 yemek kaşığı sıvı yağ

2 yeşil soğan (yeşil soğan), doğranmış

225g / 8oz yengeç eti

15 ml / 1 yemek kaşığı soya sosu

15 ml / 1 yemek kaşığı pirinç şarabı veya sek şeri

5 ml / 1 çay kaşığı tuz

Çin yapraklarını kaynar suda 2 dakika haşlayın, ardından iyice süzün ve soğuk suyla durulayın. Yağı ısıtın ve taze soğanları hafif altın rengi olana kadar kızartın. Yengeç etini ekleyin ve 2 dakika kavurun. Çin yapraklarını ekleyin ve 4 dakika kızartın. Soya sosu, şarap veya şeri ve tuz ekleyin ve iyice karıştırın. Et suyu ve mısır unu ekleyin, kaynatın ve sos incelip kalınlaşana kadar 2 dakika karıştırarak pişirin.

Fasulye Filizi ile Foo Yung Yengeç

4 kişilik

6 çırpılmış yumurta

45 ml / 3 yemek kaşığı mısır unu (mısır nişastası)

225g / 8oz yengeç eti

100g / 4oz fasulye filizi

2 taze soğan (soğan), ince kıyılmış

2,5 ml / ¬Ω çay kaşığı tuz

45 ml / 3 yemek kaşığı fıstık yağı (yer fıstığı)

Yumurtaları çırpın ve ardından mısır ununu ekleyin. Yağ hariç kalan malzemeleri karıştırın. Yağı ısıtın ve karışımı yaklaşık 7,5 cm genişliğinde küçük krepler yapmak için tavaya azar azar dökün. Alt tarafı kızarana kadar kızartın, ardından diğer tarafını çevirin ve kahverengileştirin.

Zencefilli Yengeç

4 kişilik

15 ml / 1 yemek kaşığı fıstık yağı
2 dilim zencefil kökü, doğranmış
4 taze soğan (yeşil soğan), doğranmış
3 diş sarımsak, ezilmiş
1 doğranmış kırmızı biber
350g / 12oz yengeç eti, kuşbaşı

2,5 ml / ½ çay kaşığı balık ezmesi

2,5 ml / ½ çay kaşığı susam yağı

15 ml / 1 yemek kaşığı pirinç şarabı veya sek şeri

5 ml / 1 tatlı kaşığı mısır unu (mısır nişastası)

15 ml / 1 yemek kaşığı su

Yağı ısıtın ve zencefil, taze soğan, sarımsak ve acı biberi 2 dakika kızartın. Yengeç etini ekleyin ve baharatlarla iyice kaplanana kadar karıştırın. Balık ezmesini ekleyin. Kalan malzemeleri macun kıvamına gelene kadar karıştırın, ardından tavaya alıp 1 dakika soteleyin. Bir kerede servis yapın.

Yengeç Lo Mein

4 kişilik

100g / 4oz fasulye filizi

30 ml / 2 yemek kaşığı fıstık yağı

5 ml / 1 çay kaşığı tuz

1 dilimlenmiş soğan

100g / 4oz mantar, dilimlenmiş

8 ons / 225g yengeç eti, kuşbaşı

100 gr / 4 ons bambu filizi, dilimlenmiş
kavrulmuş erişte
30 ml / 2 yemek kaşığı soya sosu
5 ml / 1 çay kaşığı şeker
5 ml / 1 çay kaşığı susam yağı
tuz ve taze çekilmiş karabiber

Fasulye filizlerini kaynar suda 5 dakika haşladıktan sonra süzün. Yağı ısıtın ve tuzu ve soğanı yumuşayana kadar kızartın. Mantarları ekleyin ve yumuşayana kadar kızartın. Yengeç etini ekleyin ve 2 dakika kavurun. Fasulye filizlerini ve bambu filizlerini ekleyip 1 dakika soteleyin. Süzülmüş erişteleri tavaya ekleyin ve hafifçe karıştırın. Soya sosu, şeker ve susam yağını karıştırın ve tuz ve karabiber ekleyin. Tamamen ısınana kadar tavada karıştırın.

Domuz eti ile sote yengeç

4 kişilik

30 ml / 2 yemek kaşığı fıstık yağı
100g / 4oz kıyılmış domuz eti (öğütülmüş)
350g / 12oz yengeç eti, kuşbaşı
2 dilim zencefil kökü, doğranmış
2 yumurta, hafifçe çırpılmış
15 ml / 1 yemek kaşığı soya sosu
15 ml / 1 yemek kaşığı pirinç şarabı veya sek şeri
30 ml / 2 yemek kaşığı su
tuz ve taze çekilmiş karabiber
4 taze soğan (yeşil soğan), şeritler halinde kesilmiş

Yağı ısıtın ve domuz eti açık renk alana kadar kızartın. Yengeç eti ve zencefili ekleyip 1 dakika kavurun. Yumurtaları ekleyin. Soya sosu, şarap veya şeri, su, tuz ve karabiber ekleyin ve karıştırarak yaklaşık 4 dakika pişirin. Frenk soğanı ile süslenmiş servis yapın.

Kızarmış yengeç eti

4 kişilik

30 ml / 2 yemek kaşığı fıstık yağı

1 lb / 450g yengeç eti, kuşbaşı

2 yeşil soğan (yeşil soğan), doğranmış

2 dilim zencefil kökü, doğranmış

30 ml / 2 yemek kaşığı soya sosu

30 ml / 2 yemek kaşığı pirinç şarabı veya sek şeri

2,5 ml / ¬Ω çay kaşığı tuz

15 ml / 1 yemek kaşığı mısır unu (mısır nişastası)

60 ml / 4 yemek kaşığı su

Yağı ısıtın ve yengeç eti, taze soğan ve zencefili 1 dakika kızartın. Soya sosu, şarap veya şeri ve tuz ekleyin, örtün ve 3 dakika pişirin. Mısır unu ve suyu bir macun haline getirin, tavaya karıştırın ve sos incelip kalınlaşana kadar karıştırarak pişirin.

kızarmış mürekkep balığı topları

4 kişilik

450 gr / 1 kiloluk mürekkep balığı

50g / 2oz domuz yağı, dövülmüş

1 yumurta akı

2,5 ml / ¬Ω çay kaşığı şeker

2,5 ml / ¬Ω çay kaşığı mısır nişastası (mısır nişastası)

tuz ve taze çekilmiş karabiber

kızartma yağı

Mürekkepbalığını kesin ve ezin veya bir hamur haline getirin. Domuz yağı, yumurta akı, şeker ve mısır nişastası ile karıştırın ve tuz ve karabiber ekleyin. Karışımı küçük toplar halinde bastırın. Yağı ısıtın ve mürekkepbalığı toplarını gerekirse gruplar halinde yağın yüzeyine çıkıp altın rengi kahverengi olana kadar kızartın. İyice süzün ve hemen servis yapın.

kanton ıstakozu

4 kişilik

2 ıstakoz
30 ml / 2 yemek kaşığı sıvı yağ
15 ml / 1 yemek kaşığı siyah fasulye sosu
1 diş ezilmiş sarımsak
1 doğranmış soğan
225g / 8oz domuz kıyması (öğütülmüş)
45 ml / 3 yemek kaşığı soya sosu
5 ml / 1 çay kaşığı şeker
tuz ve taze çekilmiş karabiber
15 ml / 1 yemek kaşığı mısır unu (mısır nişastası)
75 ml / 5 yemek kaşığı su
1 çırpılmış yumurta

Istakozları kırın, eti çıkarın ve 2,5 cm'lik küpler halinde kesin. Yağı ısıtın ve siyah fasulye sosu, sarımsak ve soğanı hafif altın rengi olana kadar kızartın. Domuz eti ekleyin ve kızarana kadar kızartın. Soya sosu, şeker, tuz, karabiber ve ıstakozu ekleyin, üzerini kapatın ve yaklaşık 10 dakika pişirin. Mısır unu ve suyu bir macun haline getirin, tavaya karıştırın ve sos incelip kalınlaşana kadar karıştırarak pişirin. Ateşi kapatın ve servis yapmadan önce yumurtayı ekleyin.

kızarmış ıstakoz

4 kişilik

450 gr / 1 lb ıstakoz eti

30 ml / 2 yemek kaşığı soya sosu

5 ml / 1 çay kaşığı şeker

1 çırpılmış yumurta

30 ml / 3 yemek kaşığı sade un (çok amaçlı)

kızartma yağı

Istakoz etini 2,5 cm / 1 küp şeklinde kesin ve soya sosu ve şekerle karıştırın. 15 dakika bekletin ve sonra süzün. Yumurta ve unu çırpın, ardından ıstakozu ekleyin ve kaplamak için iyice karıştırın. Yağı ısıtın ve ıstakozu altın rengi olana kadar kızartın. Servis yapmadan önce mutfak kağıdına boşaltın.

Jambonlu buğulanmış ıstakoz

4 kişilik

4 yumurta, hafifçe çırpılmış
60 ml / 4 yemek kaşığı su
5 ml / 1 çay kaşığı tuz
15 ml / 1 yemek kaşığı soya sosu
450 gr / 1 lb ıstakoz eti, kuşbaşı
15 ml / 1 yemek kaşığı kıyılmış füme jambon
15 ml / 1 yemek kaşığı kıyılmış taze maydanoz

Yumurtaları su, tuz ve soya sosuyla çırpın. Ateşe dayanıklı bir kaba dökün ve üzerine ıstakoz eti serpin. Kâseyi buharlı pişiricideki rafa yerleştirin, üzerini kapatın ve yumurtalar sertleşene kadar 20 dakika buharda pişirin. Jambon ve maydanozla süsleyerek servis yapın.

mantarlı ıstakoz

4 kişilik

450 gr / 1 lb ıstakoz eti

15 ml / 1 yemek kaşığı mısır unu (mısır nişastası)

60 ml / 4 yemek kaşığı su

30 ml / 2 yemek kaşığı fıstık yağı

4 taze soğan (yeşil soğan), kalın dilimlenmiş

100g / 4oz mantar, dilimlenmiş

2,5 ml / ¬Ω çay kaşığı tuz

1 diş ezilmiş sarımsak

30 ml / 2 yemek kaşığı soya sosu

15 ml / 1 yemek kaşığı pirinç şarabı veya sek şeri

Istakoz etini 2,5 cm'lik küpler halinde kesin. Mısır unu ve suyu macun kıvamına gelene kadar karıştırın ve ıstakoz küplerini karışımın içine atın. Yağın yarısını ısıtın ve ıstakoz küplerini hafifçe kızarana kadar kızartın, tavadan çıkarın. Kalan yağı ısıtın ve taze soğanları hafif altın rengi olana kadar kızartın. Mantarları ekleyin ve 3 dakika kızartın. Tuz, sarımsak, soya sosu ve şarap veya şeri ekleyin ve 2 dakika pişirin. Istakozu tavaya geri koyun ve iyice ısınana kadar soteleyin.

Domuz Eti Istakoz Kuyrukları

4 kişilik

3 adet kuru Çin mantarı
4 ıstakoz kuyruğu
60 ml / 4 yemek kaşığı fıstık yağı
100g / 4oz kıyılmış domuz eti (öğütülmüş)
50 gr / 2 ons su kestanesi, ince kıyılmış
tuz ve taze çekilmiş karabiber
2 diş ezilmiş sarımsak
45 ml / 3 yemek kaşığı soya sosu
30 ml / 2 yemek kaşığı pirinç şarabı veya sek şeri
30 ml / 2 yemek kaşığı siyah fasulye sosu
10 ml / 2 yemek kaşığı mısır unu (mısır nişastası)
120 ml / 4 fl oz / ¬Ω su bardağı

Mantarları ılık suda 30 dakika bekletin, sonra süzün. Sapları atın ve üstleri doğrayın. Istakoz kuyruklarını uzunlamasına ikiye bölün. Eti ıstakoz kuyruklarından çıkarın, kabukları ayırın. Yağın yarısını ısıtın ve domuz eti açık renk alana kadar kızartın. Ocaktan alıp mantarları, ıstakoz etlerini, kestaneleri, tuzu ve karabiberi karıştırın. Eti tekrar ıstakoz kabuklarına bastırın ve bir fırın tepsisine yerleştirin. Bir buharlayıcıda bir rafa yerleştirin, üzerini örtün ve pişene kadar yaklaşık 20 dakika buharda pişirin. Bu sırada kalan yağı ısıtın ve sarımsak, soya sosu, şarap veya şeri ve siyah fasulye sosunu 2 dakika soteleyin. Mısır unu ve suyu macun kıvamına gelene kadar karıştırın, tavaya alın ve karıştırarak sos koyulaşana kadar pişirin. Istakozları sıcak servis tabağına alın, sosu üzerine dökün ve hemen servis yapın.

sote ıstakoz

4 kişilik

450 gr / 1 lb ıstakoz kuyruğu

30 ml / 2 yemek kaşığı fıstık yağı

1 diş ezilmiş sarımsak

2,5 ml / ¬Ω çay kaşığı tuz

350g / 12oz fasulye filizi

50g / 2 ons mantar

4 taze soğan (yeşil soğan), kalın dilimlenmiş

150 ml / ¬° pt / cömert ¬Ω bardak tavuk suyu

15 ml / 1 yemek kaşığı mısır unu (mısır nişastası)

Bir tencere suyu kaynatın, ıstakoz kuyruklarını ekleyin ve 1 dakika kaynatın. Süzün, soğutun, soyun ve kalın dilimler halinde kesin. Yağı sarımsak ve tuzla ısıtın ve sarımsak hafifçe altın rengi olana kadar kızartın. Istakoz ekleyin ve 1 dakika kızartın. Fasulye filizlerini ve mantarları ekleyin ve 1 dakika kızartın. Frenk soğanı ekleyin. Et suyunun çoğunu ekleyin, kaynatın, üzerini kapatın ve 3 dakika pişirin. Mısır unu ile kalan et suyunu karıştırın, tavada karıştırın ve sos incelip kalınlaşana kadar karıştırarak pişirin.

ıstakoz yuvaları

4 kişilik

30 ml / 2 yemek kaşığı fıstık yağı

5 ml / 1 çay kaşığı tuz

1 soğan, ince dilimlenmiş

100g / 4oz mantar, dilimlenmiş

4 oz / 100 g bambu filizleri, dilimlenmiş 8 oz / 225 g pişmiş ıstakoz eti

15 ml / 1 yemek kaşığı pirinç şarabı veya sek şeri

120 ml / 4 fl oz / ¬Ω fincan tavuk suyu

bir tutam taze çekilmiş biber

10 ml / 2 çay kaşığı mısır unu (mısır nişastası)

15 ml / 1 yemek kaşığı su

4 sepet erişte

Yağı ısıtın ve tuzu ve soğanı yumuşayana kadar kızartın. Mantarları ve bambu filizlerini ekleyip 2 dakika kavurun. Istakoz eti, şarap veya şeri ve suyu ekleyin, kaynatın, üzerini kapatın ve 2 dakika pişirin. Biberle tatlandırın. Mısır unu ve suyu bir macun haline getirin, tavaya karıştırın ve sos kalınlaşana kadar karıştırarak pişirin. Erişte yuvalarını sıcak bir servis tabağına yerleştirin ve üzerine ıstakoz tavada kızartın.

Siyah fasulye soslu midye

4 kişilik

45 ml / 3 yemek kaşığı fıstık yağı (yer fıstığı)

2 diş ezilmiş sarımsak

2 dilim zencefil kökü, doğranmış

30 ml / 2 yemek kaşığı siyah fasulye sosu

15 ml / 1 yemek kaşığı soya sosu

1,5 kg / 3 lb midye, yıkanmış ve ayıklanmış

2 yeşil soğan (yeşil soğan), doğranmış

Yağı ısıtın ve sarımsak ve zencefili 30 saniye kızartın. Siyah fasulye sosu ve soya sosu ekleyin ve 10 saniye kızartın. Midyeleri ekleyin, üzerini kapatın ve midyeler açılıncaya kadar yaklaşık 6 dakika pişirin. Kapalı kalanları atın. Sıcak servis tabağına aktarın ve üzerine frenk soğanı serperek servis yapın.

Zencefilli Midye

4 kişilik

45 ml / 3 yemek kaşığı fıstık yağı (yer fıstığı)
2 diş ezilmiş sarımsak
4 dilim zencefil kökü, doğranmış
1,5 kg / 3 lb midye, yıkanmış ve ayıklanmış
45 ml / 3 yemek kaşığı su
15 ml / 1 yemek kaşığı istiridye sosu

Yağı ısıtın ve sarımsak ve zencefili 30 saniye kızartın. Midyeleri ve suyu ekleyin, üzerini kapatın ve midyeler açılıncaya kadar yaklaşık 6 dakika pişirin. Kapalı kalanları atın. Sıcak servis tabağına aktarın ve istiridye sosu serperek servis yapın.

Buğulanmış midye

4 kişilik

1,5 kg / 3 lb midye, yıkanmış ve ayıklanmış
45 ml / 3 yemek kaşığı soya sosu
3 taze soğan (soğan), ince kıyılmış

Midyeleri buharlı pişiricideki bir rafa koyun, üzerini kapatın ve midyelerin tamamı açılıncaya kadar yaklaşık 10 dakika kaynar su üzerinde buharlayın. Kapalı kalanları atın. Sıcak servis tabağına aktarın ve üzerine soya sosu ve yeşil soğan serperek servis yapın.

Kızarmış istiridyeler

4 kişilik

24 kabuklu istiridye
tuz ve taze çekilmiş karabiber
1 çırpılmış yumurta
50 g / 2 oz / ¬Ω fincan sade un (çok amaçlı)
250 ml / 8 fl oz / 1 bardak su
kızartma yağı
4 taze soğan (yeşil soğan), doğranmış

İstiridyeleri tuz ve karabiber serpin. Yumurtayı un ve suyla çırparak bir hamur oluşturun ve istiridyeleri örtmek için kullanın. Yağı ısıtın ve istiridyeleri kızarana kadar kızartın. Mutfak kağıdına boşaltın ve frenk soğanı ile süsleyerek servis yapın.

pastırma ile istiridye

4 kişilik

175 gr / 6 ons domuz pastırması
24 kabuklu istiridye
1 yumurta, hafifçe çırpılmış
15 ml / 1 yemek kaşığı su
45 ml / 3 yemek kaşığı fıstık yağı (yer fıstığı)
2 doğranmış soğan
15 ml / 1 yemek kaşığı mısır unu (mısır nişastası)
15 ml / 1 yemek kaşığı soya sosu
90 ml / 6 yemek kaşığı tavuk suyu

Pastırmayı parçalara ayırın ve her istiridyenin etrafına bir parça sarın. Yumurtayı suyla çırpın ve kaplamak için istiridyelere daldırın. Yağın yarısını ısıtın ve istiridyeleri her iki tarafı hafifçe kızarana kadar kızartın, ardından tavadan alın ve yağı boşaltın. Kalan yağı ısıtın ve soğanları yumuşayana kadar kızartın. Mısır unu, soya sosu ve suyu bir macun haline getirin, tavaya dökün ve sos incelip kalınlaşana kadar karıştırarak pişirin. İstiridyelerin üzerine dökün ve hemen servis yapın.

Zencefilli Kızarmış İstiridye

4 kişilik

24 kabuklu istiridye

2 dilim zencefil kökü, doğranmış

30 ml / 2 yemek kaşığı soya sosu

15 ml / 1 yemek kaşığı pirinç şarabı veya sek şeri

4 taze soğan (yeşil soğan), şeritler halinde kesilmiş

100 gr domuz pastırması

1 yumurta

50 g / 2 oz / ¬Ω fincan sade un (çok amaçlı)

tuz ve taze çekilmiş karabiber

kızartma yağı

1 limon dilimler halinde kesilmiş

İstiridyeleri zencefil, soya sosu ve şarap veya şeri ile bir kaseye koyun ve kaplamak için fırlatın. 30 dakika dinlendirin. Her istiridyenin üzerine birkaç şerit frenk soğanı yerleştirin. Pastırmayı parçalara ayırın ve her istiridyenin etrafına bir parça sarın. Yumurta ve unu bir hamur oluşturmak için çırpın ve tuz ve karabiber ekleyin. İstiridyeleri iyice kaplanana kadar hamura batırın. Yağı ısıtın ve istiridyeleri kızarana kadar kızartın. Limon dilimleri ile süsleyerek servis yapın.

Kara Fasulye Soslu İstiridye

4 kişilik

350g / 12oz kabuklu istiridye
120 ml / 4 fl oz / ½ fincan fıstık yağı
2 diş ezilmiş sarımsak
3 taze soğan (soğan), dilimlenmiş
15 ml / 1 yemek kaşığı siyah fasulye sosu
30 ml / 2 yemek kaşığı koyu soya sosu
15 ml / 1 yemek kaşığı susam yağı
bir tutam toz biber

İstiridyeleri kaynar suda 30 saniye haşlayıp süzün. Yağı ısıtın ve sarımsak ve taze soğanları 30 saniye kızartın. Siyah fasulye sosu, soya sosu, susam yağı ve istiridye ekleyin ve biber tozu ile tatlandırın. Sıcak olana kadar soteleyin ve hemen servis yapın.

Bambu filizli deniz tarağı

4 kişilik

60 ml / 4 yemek kaşığı fıstık yağı

6 taze soğan (yeşil soğan), doğranmış

225g / 8oz mantar, dörde bölünmüş

15ml / 1 yemek kaşığı şeker

450 gr / 1 pound kabuklu deniz tarağı

2 dilim zencefil kökü, doğranmış

225 gr / 8 ons bambu filizi, dilimlenmiş

tuz ve taze çekilmiş karabiber

300 ml / ¬Ω pt / 1 ¬° su bardağı

30 ml / 2 yemek kaşığı şarap sirkesi

30 ml / 2 yemek kaşığı mısır unu (mısır nişastası)

150 ml / ¬° pt / cömert ¬Ω bardak su

45 ml / 3 yemek kaşığı soya sosu

Yağı ısıtın ve taze soğanları ve mantarları 2 dakika kızartın. Şeker, deniz tarağı, zencefil, bambu filizleri, tuz ve karabiberi ekleyin, üzerini kapatın ve 5 dakika pişirin. Su ve şarap sirkesini ekleyin, kaynatın, üzerini kapatın ve 5 dakika pişirin. Mısır unu ve suyu bir macun haline getirin, tavaya karıştırın ve sos kalınlaşana kadar karıştırarak pişirin. Soya sosu ile baharatlayın ve servis yapın.

Yumurtalı Deniz Tarağı

4 kişilik

45 ml / 3 yemek kaşığı fıstık yağı (yer fıstığı)
350g / 12oz kabuklu deniz tarağı
25g / 1oz füme jambon, doğranmış
30 ml / 2 yemek kaşığı pirinç şarabı veya sek şeri
5 ml / 1 çay kaşığı şeker
2,5 ml / ¬Ω çay kaşığı tuz
bir tutam taze çekilmiş biber
2 yumurta, hafifçe çırpılmış
15 ml / 1 yemek kaşığı soya sosu

Yağı ısıtın ve tarakları 30 saniye kızartın. Jambonu ekleyin ve 1 dakika kızartın. Şarap veya şeri, şeker, tuz ve karabiberi ekleyin ve 1 dakika pişirin. Yumurtaları ekleyin ve malzemeler yumurta ile iyice kaplanana kadar yüksek ateşte hafifçe karıştırın. Soya sosu serperek servis yapın.

Brokoli ile deniz tarağı

4 kişilik

12 oz / 350g deniz tarağı, dilimlenmiş

3 dilim zencefil kökü, doğranmış

½ küçük havuç, dilimlenmiş

1 diş ezilmiş sarımsak

45 ml / 3 yemek kaşığı sade un (çok amaçlı)

2,5 ml / ½ çay kaşığı kabartma tozu (sodyum bikarbonat)

30 ml / 2 yemek kaşığı fıstık yağı

15 ml / 1 yemek kaşığı su

1 adet dilimlenmiş muz

kızartma yağı

275 gr / 10 ons brokoli

tuz

5 ml / 1 çay kaşığı susam yağı

2,5 ml / ½ çay kaşığı acı sos

2,5 ml / ½ çay kaşığı şarap sirkesi

2,5 ml / ½ çay kaşığı domates püresi (salça)

Deniz taraklarını zencefil, havuç ve sarımsakla karıştırıp dinlenmeye bırakın. Un, kabartma tozu, 15ml / 1 yemek kaşığı yağ ve suyu bir macun haline getirin ve muz dilimlerini kaplamak için kullanın. Yağı ısıtın ve muzu kızarana kadar kızartın, ardından süzün ve sıcak bir servis tabağına yerleştirin. Bu arada brokolileri kaynayan tuzlu suda yumuşayana kadar haşlayın ve süzün. Kalan yağı susam yağı ile ısıtın ve brokolileri kısa bir süre kızartın, ardından muzlarla birlikte tabağın etrafına dizin. Biber sosu, şarap sirkesi ve domates püresini tavaya ekleyin ve deniz taraklarını pişene kadar kızartın. Servis tabağına alın ve hemen servis yapın.

Zencefilli Deniz Tarağı

4 kişilik

45 ml / 3 yemek kaşığı fıstık yağı (yer fıstığı)

2,5 ml / ¬Ω çay kaşığı tuz

3 dilim zencefil kökü, doğranmış

2 taze soğan (yeşil soğan), kalın dilimlenmiş

450g / 1lb kabuklu deniz tarağı, ikiye bölünmüş

15 ml / 1 yemek kaşığı mısır unu (mısır nişastası)

60 ml / 4 yemek kaşığı su

Yağı ısıtın ve tuzu ve zencefili 30 saniye kızartın. Frenk soğanı ekleyin ve hafifçe kızarana kadar soteleyin. Deniz taraklarını ekleyin ve 3 dakika kızartın. Mısır unu ve suyu macun haline getirin, tavaya ekleyin ve koyulaşana kadar karıştırarak pişirin. Bir kerede servis yapın.

Jambonlu deniz tarağı

4 kişilik

450g / 1lb kabuklu deniz tarağı, ikiye bölünmüş
250 ml / 8 fl oz / 1 su bardağı pirinç şarabı veya sek şeri
1 ince doğranmış soğan
2 dilim zencefil kökü, doğranmış
2,5 ml / ¬Ω çay kaşığı tuz
100g / 4oz tütsülenmiş jambon, doğranmış

Deniz taraklarını bir kaseye koyun ve şarap veya şeri ekleyin. Örtün ve ara sıra çevirerek 30 dakika marine edin, ardından tarakları boşaltın ve turşuyu atın. Deniz taraklarını diğer malzemelerle birlikte ateşe dayanıklı bir tabağa koyun. Çanağı buharlı pişiricideki bir rafa yerleştirin, üzerini örtün ve taraklar yumuşayana kadar yaklaşık 6 dakika kaynar su üzerinde buharlayın.

Otlar ile karıştırılmış deniz tarağı

4 kişilik

225g / 8oz kabuklu deniz tarağı

30 ml / 2 yemek kaşığı kıyılmış taze kişniş

4 çırpılmış yumurta

15 ml / 1 yemek kaşığı pirinç şarabı veya sek şeri

tuz ve taze çekilmiş karabiber

15 ml / 1 yemek kaşığı fıstık yağı

Deniz taraklarını bir buharlı pişiriciye koyun ve boyutuna bağlı olarak yaklaşık 3 dakika pişene kadar buharda pişirin. Buharlı pişiriciden çıkarın ve kişniş serpin. Yumurtaları şarap veya şeri ile çırpın ve tuz ve karabiberle tatlandırın. Deniz tarağı ve kişniş ekleyin. Yağı ısıtın ve tarak-yumurta karışımını yumurtalar katılaşana kadar sürekli karıştırarak kızartın. Hemen servis yapın.

Sote Tarak ve Soğan

4 kişilik

45 ml / 3 yemek kaşığı fıstık yağı (yer fıstığı)
1 dilimlenmiş soğan
450g / 1lb kabuklu deniz tarağı, dörde bölünmüş
tuz ve taze çekilmiş karabiber
15 ml / 1 yemek kaşığı pirinç şarabı veya sek şeri

Yağı ısıtın ve soğanı yumuşayana kadar kızartın. Deniz taraklarını ekleyin ve hafif altın rengi olana kadar kızartın. Tuz ve karabiber serpin, üzerine şarap veya şeri serpin ve hemen servis yapın.

Sebzeli Deniz Tarağı

4'6 için

4 adet kuru Çin mantarı

2 soğan

30 ml / 2 yemek kaşığı fıstık yağı

3 kereviz sapı, çapraz olarak kesilmiş

8 ons / 225 gr yeşil fasulye, köşegen kesilmiş

10 ml / 2 çay kaşığı rendelenmiş zencefil kökü

1 diş ezilmiş sarımsak

20 ml / 4 çay kaşığı mısır unu (mısır nişastası)

250 ml / 8 fl oz / 1 su bardağı tavuk suyu

30 ml / 2 yemek kaşığı pirinç şarabı veya sek şeri

30 ml / 2 yemek kaşığı soya sosu

450g / 1lb kabuklu deniz tarağı, dörde bölünmüş

6 taze soğan (yeşil soğan), dilimlenmiş

425 gr / 15 oz koçan konserve mısır

Mantarları ılık suda 30 dakika bekletin, sonra süzün. Sapları atın ve üstleri kesin. Soğanları dilimler halinde kesin ve katmanları ayırın. Yağı ısıtın ve soğan, kereviz, fasulye, zencefil ve sarımsağı 3 dakika kızartın. Mısır unu ile biraz et suyunu karıştırın, ardından kalan et suyu, şarap veya şeri ve soya sosuyla karıştırın. Wok'a ekleyin ve karıştırarak kaynatın. Mantarları, deniz taraklarını, yeşil soğanları ve mısırı ekleyin ve taraklar yumuşayana kadar yaklaşık 5 dakika soteleyin.

Biberli deniz tarağı

4 kişilik

30 ml / 2 yemek kaşığı fıstık yağı

3 taze soğan (yeşil soğan), doğranmış

1 diş ezilmiş sarımsak

2 dilim zencefil kökü, doğranmış

2 adet küp şeklinde doğranmış kırmızı biber

450 gr / 1 pound kabuklu deniz tarağı

30 ml / 2 yemek kaşığı pirinç şarabı veya sek şeri

15 ml / 1 yemek kaşığı soya sosu

15 ml / 1 yemek kaşığı sarı fasulye sosu

5 ml / 1 çay kaşığı şeker

5 ml / 1 çay kaşığı susam yağı

Yağı ısıtın ve taze soğan, sarımsak ve zencefili 30 saniye kızartın. Biberleri ekleyin ve 1 dakika kızartın. Deniz taraklarını ekleyin ve 30 saniye soteleyin, ardından kalan malzemeleri ekleyin ve taraklar yumuşayana kadar yaklaşık 3 dakika pişirin.

Fasulye filizli kalamar

4 kişilik

450 gr kalamar
30 ml / 2 yemek kaşığı fıstık yağı
15 ml / 1 yemek kaşığı pirinç şarabı veya sek şeri
100g / 4oz fasulye filizi
15 ml / 1 yemek kaşığı soya sosu
tuz
1 kırmızı biber, rendelenmiş
2 dilim zencefil kökü, rendelenmiş
2 yeşil soğan (yeşil soğan), rendelenmiş

Kalamarın kafasını, bağırsaklarını ve zarını çıkarın ve büyük parçalar halinde kesin. Her parçaya çapraz bir desen kesin. Bir tencerede su kaynatın, kalamar ekleyin ve parçalar kıvrılana kadar kısık ateşte pişirin, çıkarın ve süzün. Yağın yarısını ısıtın ve kalamarları hızlıca kızartın. Şarap veya şeri serpin. Bu sırada kalan yağı ısıtın ve fasulye filizlerini yumuşayana kadar soteleyin. Soya sosu ve tuzla tatlandırın. Biber, zencefil ve taze soğanları bir servis tabağının etrafına yerleştirin. Fasulye filizlerini ortasına koyun ve üzerine kalamar koyun. Bir kerede servis yapın.

kızarmış kalamar

4 kişilik

50g / 2oz sade un (çok amaçlı)

25 gr / 1 ons / ¬° fincan mısır nişastası (mısır nişastası)

2,5 ml / ¬Ω çay kaşığı kabartma tozu

2,5 ml / ¬Ω çay kaşığı tuz

1 yumurta

75 ml / 5 yemek kaşığı su

15 ml / 1 yemek kaşığı fıstık yağı

450 gr / 1 lb kalamar, halkalar halinde kesilmiş

kızartma yağı

Un, mısır nişastası, kabartma tozu, tuz, yumurta, su ve yağı bir hamur oluşturmak için çırpın. Kalamarı iyice kaplanana kadar hamura batırın. Yağı ısıtın ve kalamarları her seferinde birkaç parça kızarana kadar kızartın. Servis yapmadan önce mutfak kağıdına boşaltın.

kalamar paketleri

4 kişilik

8 adet kurutulmuş Çin mantarı

450 gr kalamar

100g / 4oz tütsülenmiş jambon

100 gr / 4 ons tofu

1 çırpılmış yumurta

15 ml / 1 yemek kaşığı sade un (çok amaçlı)

2,5 ml / ¬Ω çay kaşığı şeker

2,5 ml / ¬Ω çay kaşığı susam yağı

tuz ve taze çekilmiş karabiber

8 wonton görünümü

kızartma yağı

Mantarları ılık suda 30 dakika bekletin, sonra süzün. Sapları atın. Kalamarı ayıklayıp 8 parçaya bölün. Jambonu ve tofuyu 8 parçaya bölün. Hepsini bir kaseye koyun. Yumurtayı un, şeker, susam yağı, tuz ve karabiberle karıştırın. Malzemeleri kaseye dökün ve yavaşça karıştırın. Her wonton derisinin merkezinin hemen altına bir mantar kapağı ve bir parça kalamar, jambon ve tofu yerleştirin. Alt köşeyi içe katlayın, yanları içe katlayın ve ardından rulo yaparak kenarlarını kapatmak için su ile nemlendirin. Yağı ısıtın ve topakları kızarana kadar yaklaşık 8 dakika kızartın. Servis yapmadan önce iyice süzün.

kızarmış kalamar ruloları

4 kişilik

45 ml / 3 yemek kaşığı fıstık yağı (yer fıstığı)

225g / 8oz kalamar halkaları

1 büyük yeşil dolmalık biber, parçalar halinde kesilmiş

100 gr / 4 ons bambu filizi, dilimlenmiş

2 taze soğan (soğan), ince kıyılmış

1 dilim zencefil kökü, ince kıyılmış

45 ml / 2 yemek kaşığı soya sosu

30 ml / 2 yemek kaşığı pirinç şarabı veya sek şeri

15 ml / 1 yemek kaşığı mısır unu (mısır nişastası)

15 ml / 1 yemek kaşığı balık suyu veya su

5 ml / 1 çay kaşığı şeker

5 ml / 1 çay kaşığı şarap sirkesi

5 ml / 1 çay kaşığı susam yağı

tuz ve taze çekilmiş karabiber

15 ml / 1 çorba kaşığı yağı ısıtın ve kalamarları iyice kızarana kadar hızlıca kızartın. Bu sırada kalan yağı ayrı bir tavada ısıtın ve dolmalık biber, bambu filizleri, taze soğan ve zencefili 2 dakika kavurun. Kalamarı ekleyip 1 dakika kavurun. Soya sosu, şarap veya şeri, mısır unu, et suyu, şeker, şarap sirkesi ve

susam yağı ekleyin ve tuz ve karabiber ekleyin. Sos berraklaşana ve koyulaşana kadar soteleyin.

Sote Kalamar

4 kişilik

45 ml / 3 yemek kaşığı fıstık yağı (yer fıstığı)
3 taze soğan (yeşil soğan), kalın dilimlenmiş
2 dilim zencefil kökü, doğranmış
450 gr / 1 lb kalamar, parçalar halinde kesilmiş
15 ml / 1 yemek kaşığı soya sosu
15 ml / 1 yemek kaşığı pirinç şarabı veya sek şeri
5 ml / 1 tatlı kaşığı mısır unu (mısır nişastası)
15 ml / 1 yemek kaşığı su

Yağı ısıtın ve frenk soğanı ve zencefili yumuşayana kadar kızartın. Kalamarı ekleyin ve yağla kaplanana kadar kızartın. Soya sosu ve şarap veya şeri ekleyin, örtün ve 2 dakika pişirin. Mısır unu ve suyu macun haline getirin, tavaya ekleyin ve kısık ateşte sos koyulaşana ve kalamar yumuşayana kadar karıştırarak pişirin.

Kurutulmuş Mantarlı Kalamar

4 kişilik

50g / 2oz kurutulmuş Çin mantarı
450 gr kalamar halkaları
45 ml / 3 yemek kaşığı fıstık yağı (yer fıstığı)
45 ml / 3 yemek kaşığı soya sosu
2 taze soğan (soğan), ince kıyılmış
1 dilim zencefil kökü, doğranmış
225g / 8oz bambu filizleri, şeritler halinde kesilmiş
30 ml / 2 yemek kaşığı mısır unu (mısır nişastası)
150 ml / ¬° pt / cömert ¬Ω fincan balık suyu

Mantarları ılık suda 30 dakika bekletin, sonra süzün. Sapları atın ve üstleri kesin. Kalamarı birkaç saniye kaynar suda haşlayın. Yağı ısıtın, ardından mantarları, soya sosu, taze soğanları ve zencefili ekleyin ve 2 dakika soteleyin. Kalamar ve bambu filizlerini ekleyip 2 dakika kavurun. Mısır unu ve et suyunu karıştırıp tavaya alın. Kısık ateşte, karıştırarak, sos incelip koyulaşana kadar pişirin.

Sebzeli Kalamar

4 kişilik

45 ml / 3 yemek kaşığı fıstık yağı (yer fıstığı)

1 dilimlenmiş soğan

5 ml / 1 çay kaşığı tuz

450 gr / 1 lb kalamar, parçalar halinde kesilmiş

100 gr / 4 ons bambu filizi, dilimlenmiş

2 kereviz sapı, çapraz olarak kesilmiş

60 ml / 4 yemek kaşığı tavuk suyu

5 ml / 1 çay kaşığı şeker

100 gr / 4 ons kar bezelyesi

5 ml / 1 tatlı kaşığı mısır unu (mısır nişastası)

15 ml / 1 yemek kaşığı su

Yağı ısıtın ve soğanı ve tuzu hafifçe kızarana kadar kızartın. Kalamarı ekleyin ve yağda yıkanana kadar kızartın. Bambu filizlerini ve kerevizi ekleyip 3 dakika kavurun. Et suyu ve şekeri ekleyin, kaynatın, üzerini kapatın ve sebzeler yumuşayana kadar 3 dakika pişirin. Mangetout'u ekleyin. Mısır unu ve suyu bir macun haline getirin, tavaya karıştırın ve sos kalınlaşana kadar karıştırarak pişirin.

Anason ile haşlanmış sığır eti

4 kişilik

30 ml / 2 yemek kaşığı fıstık yağı
450g / 1 lb fileto biftek
1 diş ezilmiş sarımsak
45 ml / 3 yemek kaşığı soya sosu
15 ml / 1 yemek kaşığı su
15 ml / 1 yemek kaşığı pirinç şarabı veya sek şeri
5 ml / 1 çay kaşığı tuz
5 ml / 1 çay kaşığı şeker
2 yıldız anason karanfil

Yağı ısıtın ve eti her taraftan kızarana kadar kızartın. Kalan malzemeleri ekleyin, kaynatın, üzerini kapatın ve yaklaşık 45 dakika pişirin, ardından eti çevirin, et kuruyorsa biraz daha su ve soya sosu ekleyin. Et yumuşayana kadar 45 dakika daha pişirin. Servis yapmadan önce yıldız anasonu atın.

Kuşkonmazlı Dana Eti

4 kişilik

450 gr / 1 pound bonfile biftek, kuşbaşı
30 ml / 2 yemek kaşığı soya sosu

30 ml / 2 yemek kaşığı pirinç şarabı veya sek şeri
45 ml / 3 yemek kaşığı mısır unu (mısır nişastası)
45 ml / 3 yemek kaşığı fıstık yağı (yer fıstığı)
5 ml / 1 çay kaşığı tuz
1 diş ezilmiş sarımsak
350 gr / 12 ons kuşkonmaz uçları
120 ml / 4 fl oz / ¬Ω fincan tavuk suyu
15 ml / 1 yemek kaşığı soya sosu

Bifteği bir kaseye koyun. Soya sosu, şarap veya şeri ve 30ml / 2 yemek kaşığı mısır unu karıştırın, bifteğin üzerine dökün ve iyice karıştırın. 30 dakika yumuşamaya bırakın. Yağı tuz ve sarımsakla ısıtın ve sarımsak hafifçe altın rengi olana kadar kızartın. Eti ve marineyi ekleyin ve 4 dakika kızartın. Kuşkonmaz ekleyin ve 2 dakika hafifçe kızartın. Et suyu ve soya sosu ekleyin, kaynatın ve et pişene kadar 3 dakika karıştırarak pişirin. Kalan mısır unu ile biraz daha su veya et suyu karıştırın ve sosu karıştırın. Sos incelip kalınlaşana kadar birkaç dakika karıştırarak pişirin.

Bambu Filizli Sığır Eti

4 kişilik

45 ml / 3 yemek kaşığı fıstık yağı (yer fıstığı)

1 diş ezilmiş sarımsak

1 taze soğan (yeşil soğan), doğranmış

1 dilim zencefil kökü, doğranmış

8 oz / 225 gr yağsız sığır eti, şeritler halinde kesilmiş

100g / 4oz bambu filizleri

45 ml / 3 yemek kaşığı soya sosu

15 ml / 1 yemek kaşığı pirinç şarabı veya sek şeri

5 ml / 1 tatlı kaşığı mısır unu (mısır nişastası)

Yağı ısıtın ve sarımsağı, taze soğanı ve zencefili hafif altın rengi olana kadar kızartın. Eti ekleyin ve hafifçe kızarana kadar 4 dakika kızartın. Bambu filizlerini ekleyin ve 3 dakika kızartın. Soya sosu, şarap veya şeri ve mısır nişastasını ekleyin ve 4 dakika pişirin.

Bambu Filizi ve Mantarlı Sığır Eti

4 kişilik

225g / 8oz yağsız sığır eti

45 ml / 3 yemek kaşığı fıstık yağı (yer fıstığı)

1 dilim zencefil kökü, doğranmış
100 gr / 4 ons bambu filizi, dilimlenmiş
100g / 4oz mantar, dilimlenmiş
45 ml / 3 yemek kaşığı pirinç şarabı veya sek şeri
5 ml / 1 çay kaşığı şeker
10 ml / 2 çay kaşığı soya sosu
tuz ve biber
120 ml / 4 fl oz / ¬Ω fincan et suyu
15 ml / 1 yemek kaşığı mısır unu (mısır nişastası)
30 ml / 2 yemek kaşığı su

Eti taneye karşı ince dilimler halinde kesin. Yağı ısıtın ve zencefili birkaç saniye kızartın. Eti ekleyin ve kızarana kadar soteleyin. Bambu filizlerini ve mantarları ekleyin ve 1 dakika kızartın. Şarap veya şeri, şeker ve soya sosu ekleyin ve tuz ve karabiber ekleyin. Et suyunu ekleyin, kaynatın, örtün ve 3 dakika pişirin. Mısır unu ve suyu karıştırıp tencereye alın ve karıştırarak sos koyulaşana kadar pişirin.

Çin Kızarmış Sığır Eti

4 kişilik
45 ml / 3 yemek kaşığı fıstık yağı (yer fıstığı)
900 gr / 2 lb antrikot biftek

1 taze soğan (yeşil soğan), dilimlenmiş

1 diş kıyılmış sarımsak

1 dilim zencefil kökü, doğranmış

60 ml / 4 yemek kaşığı soya sosu

30 ml / 2 yemek kaşığı pirinç şarabı veya sek şeri

5 ml / 1 çay kaşığı şeker

5 ml / 1 çay kaşığı tuz

bir tutam biber

750 ml / 1. / 3 su bardağı kaynar su

Yağı ısıtın ve etin her tarafını hızlıca kızartın. Taze soğan, sarımsak, zencefil, soya sosu, şarap veya şeri, şeker, tuz ve karabiber ekleyin. Karıştırarak kaynatın. Kaynar suyu ekleyin, tekrar karıştırarak kaynatın ve üzerini kapatın ve etler yumuşayıncaya kadar yaklaşık 2 saat pişirin.

Fasulye Filizli Dana Eti

4 kişilik

450 gr / 1 lb yağsız dana eti, dilimlenmiş

1 yumurta akı

30 ml / 2 yemek kaşığı fıstık yağı

15 ml / 1 yemek kaşığı mısır unu (mısır nişastası)

15 ml / 1 yemek kaşığı soya sosu

100g / 4oz fasulye filizi

1 ons / 25g kıyılmış lahana turşusu

1 kırmızı biber, rendelenmiş

2 yeşil soğan (yeşil soğan), rendelenmiş

2 dilim zencefil kökü, rendelenmiş

tuz

5 ml / 1 çay kaşığı istiridye sosu

5 ml / 1 çay kaşığı susam yağı

Eti yumurta akı, yağın yarısı, mısır nişastası ve soya sosu ile karıştırıp 30 dakika dinlenmeye bırakın. Fasulye filizlerini kaynar suda yaklaşık 8 dakika yumuşayana kadar haşlayın, sonra süzün. Kalan yağı ısıtın ve eti hafifçe kızarana kadar soteleyin, ardından tavadan çıkarın. Lahana turşusu, kırmızı biber, zencefil, tuz, istiridye sosu ve susam yağını ekleyip 2 dakika kavurun. Fasulye filizlerini ekleyin ve 2 dakika kızartın. Eti tavaya geri koyun ve iyice karışana ve iyice ısınana kadar soteleyin. Bir kerede servis yapın.

Brokolili biftek

4 kişilik

450g / 1 pound bonfile, ince dilimlenmiş
30 ml / 2 yemek kaşığı mısır unu (mısır nişastası)
15 ml / 1 yemek kaşığı pirinç şarabı veya sek şeri
15 ml / 1 yemek kaşığı soya sosu
30 ml / 2 yemek kaşığı fıstık yağı
5 ml / 1 çay kaşığı tuz
1 diş ezilmiş sarımsak
225 gr / 8 ons brokoli çiçeği
150 ml / ¬° pt / cömert ¬Ω bardak et suyu

Bifteği bir kaseye koyun. 15 ml / 1 çorba kaşığı mısır unu şarap veya şeri ve soya sosu ile karıştırılıp ete eklenir ve 30 dakika marine edilir. Yağı tuz ve sarımsakla ısıtın ve sarımsak hafifçe altın rengi olana kadar kızartın. Biftek ve turşuyu ekleyin ve 4 dakika pişirin. Brokoli ekleyin ve 3 dakika kızartın. Et suyunu ekleyin, kaynatın, üzerini kapatın ve brokoli yumuşayana ancak yine de çıtır çıtır olana kadar 5 dakika pişirin. Kalan mısır ununu biraz su ile karıştırıp sosa ilave edin. Kısık ateşte karıştırarak sos incelip koyulaşana kadar pişirin.

Brokoli ile Susamlı Dana Eti

4 kişilik

150g / 5oz yağsız dana eti, ince dilimlenmiş
2,5 ml / ¬Ω çay kaşığı istiridye sosu
5 ml / 1 tatlı kaşığı mısır unu (mısır nişastası)
5 ml / 1 çay kaşığı beyaz şarap sirkesi
60 ml / 4 yemek kaşığı fıstık yağı
100g / 4 ons brokoli çiçeği
5 ml / 1 çay kaşığı balık sosu
2,5 ml / ¬Ω çay kaşığı soya sosu
250 ml / 8 fl oz / 1 su bardağı et suyu
30 ml / 2 yemek kaşığı susam

Eti istiridye sosu, 2,5 ml / ¬Ω çay kaşığı mısır unu, 2,5 ml / ¬Ω çay kaşığı şarap sirkesi ve 15 ml / 1 yemek kaşığı sıvı yağ ile 1 saat marine edin.

Bu sırada 15ml / 1 yemek kaşığı yağı ısıtın, brokoli, 2.5ml / ¬Ωtsp balık sosu, soya sosu ve kalan şarap sirkesini ekleyin ve üzerini kaynar su ile kapatın. Yumuşayana kadar yaklaşık 10 dakika kısık ateşte pişirin.

Ayrı bir tavada 30 ml / 2 yemek kaşığı yağı ısıtın ve etleri kızarana kadar kısa süre kızartın. Et suyu, kalan mısır unu ve balık sosu ekleyin, kaynatın, üzerini kapatın ve et yumuşayana kadar yaklaşık 10 dakika pişirin. Brokoliyi süzün ve sıcak servis tabağına alın. Etle doldurun ve cömertçe susam serpin.

Kızarmış et

4 kişilik

450 gr / 1 pound yağsız biftek, dilimlenmiş

60 ml / 4 yemek kaşığı soya sosu

2 diş ezilmiş sarımsak

5 ml / 1 çay kaşığı tuz

2,5 ml / ¬Ω çay kaşığı taze çekilmiş biber

10 ml / 2 çay kaşığı şeker

Tüm malzemeleri karıştırın ve 3 saat bekletin. Her iki tarafta yaklaşık 5 dakika sıcak bir ızgarada ızgara yapın veya kızartın (kızartma).

Kanton sığır eti

4 kişilik

30 ml / 2 yemek kaşığı mısır unu (mısır nişastası)
2 çırpılmış yumurta akı
450 gr / 1 pound biftek, şeritler halinde kesilmiş
kızartma yağı
4 kereviz sapı, dilimlenmiş

2 dilimlenmiş soğan
60 ml / 4 yemek kaşığı su
20 ml / 4 çay kaşığı tuz
75 ml / 5 yemek kaşığı soya sosu
60 ml / 4 yemek kaşığı pirinç şarabı veya sek şeri
30 ml / 2 yemek kaşığı şeker
taze kara biber

Nişastanın yarısını yumurta aklarıyla karıştırın. Eti hamurla kaplamak için biftek ekleyin ve fırlatın. Yağı ısıtın ve bifteği kızarana kadar kızartın. Tavadan çıkarın ve mutfak kağıdının üzerine boşaltın. 15 ml / 1 yemek kaşığı yağı ısıtıp kereviz ve soğanı 3 dakika kavurun. Et, su, tuz, soya sosu, şarap veya şeri ve şekeri ekleyin ve karabiber ekleyin. Bir kaynamaya getirin ve sos kalınlaşana kadar karıştırarak pişirin.

Havuçlu Dana Eti

4 kişilik
30 ml / 2 yemek kaşığı fıstık yağı
450 gr / 1 lb yağsız dana eti, kuşbaşı
2 yeşil soğan (yeşil soğan), dilimlenmiş
2 diş ezilmiş sarımsak
1 dilim zencefil kökü, doğranmış

250 ml / 8 fl oz / 1 su bardağı soya sosu
30 ml / 2 yemek kaşığı pirinç şarabı veya sek şeri
30 ml / 2 yemek kaşığı esmer şeker
5 ml / 1 çay kaşığı tuz
600 ml / 1 puan / 2 Ω su bardağı
4 havuç, çapraz olarak dilimlenmiş

Yağı ısıtın ve eti hafifçe kızarana kadar kızartın. Fazla yağı boşaltın ve 2 dakika kızartılmış frenk soğanı, sarımsak, zencefil ve anasonu ekleyin. Soya sosu, şarap veya şeri, şeker ve tuz ekleyin ve iyice karıştırın. Suyu ekleyin, kaynatın, örtün ve 1 saat pişirin. Havuç ekleyin, örtün ve 30 dakika daha pişirin. Kapağı çıkarın ve sos azalana kadar pişirin.

Kaju Fıstıklı Sığır Eti

4 kişilik

60 ml / 4 yemek kaşığı fıstık yağı
450g / 1 pound bonfile, ince dilimlenmiş
8 taze soğan (yeşil soğan), parçalar halinde kesilmiş
2 diş ezilmiş sarımsak
1 dilim zencefil kökü, doğranmış
75 gr / 3 oz / ¬œ su bardağı kavrulmuş kaju fıstığı
120 ml / 4 fl oz / ¬Ω su bardağı

20 ml / 4 çay kaşığı mısır unu (mısır nişastası)

20 ml / 4 çay kaşığı soya sosu

5 ml / 1 çay kaşığı susam yağı

5 ml / 1 çay kaşığı istiridye sosu

5 ml / 1 çay kaşığı acı sos

Yağın yarısını ısıtın ve eti hafifçe kızarana kadar kızartın. Tavadan çıkarın. Kalan yağı ısıtın ve taze soğan, sarımsak, zencefil ve kajuları 1 dakika kızartın. Eti tavaya geri koyun. Kalan malzemeleri karıştırın ve karışımı tavaya karıştırın. Bir kaynamaya getirin ve karışım koyulaşana kadar karıştırarak pişirin.

Yavaş Tencerede Dana Güveç

4 kişilik

30 ml / 2 yemek kaşığı fıstık yağı

450 gr / 1 lb haşlanmış et, kuşbaşı

3 dilim zencefil kökü, doğranmış

3 dilimlenmiş havuç

1 adet küp doğranmış şalgam

15 ml / 1 yemek kaşığı çekirdeksiz siyah hurma

15 ml / 1 yemek kaşığı lotus tohumu

30 ml / 2 yemek kaşığı domates püresi (salça)

10 ml / 2 yemek kaşığı tuz

900 ml / 1¬Ω puan / 3¬œ su bardağı et suyu

250 ml / 8 fl oz / 1 su bardağı pirinç şarabı veya sek şeri

Yağı büyük bir yanmaz tencerede veya tavada ısıtın ve etin her tarafı kızarana kadar kızartın.

Karnabaharlı Dana Eti

4 kişilik

225g / 8oz karnabahar çiçeği

kızartma yağı

225g / 8oz sığır eti, şeritler halinde kesilmiş

50g / 2oz bambu filizleri, şeritler halinde kesilmiş

10 su kestanesi, şeritler halinde kesilmiş

120 ml / 4 fl oz / ¬Ω fincan tavuk suyu

15 ml / 1 yemek kaşığı soya sosu

15 ml / 1 yemek kaşığı istiridye sosu

15 ml / 1 yemek kaşığı domates püresi (salça)

15 ml / 1 yemek kaşığı mısır unu (mısır nişastası)

2,5 ml / ¬Ω çay kaşığı susam yağı

Karnabaharı kaynar suda 2 dakika haşlayıp süzün. Yağı ısıtın ve karnabaharı hafif altın rengi olana kadar kızartın. Mutfak kağıdına çıkarın ve boşaltın. Yağı tekrar ısıtın ve eti hafifçe kızarana kadar kızartın, ardından çıkarın ve süzün. 15 ml / 1 çorba kaşığı hariç hepsini yağa dökün ve bambu filizlerini ve su kestanelerini 2 dakika soteleyin. Kalan malzemeleri ekleyin, kaynatın ve sos koyulaşana kadar karıştırarak pişirin. Eti ve karnabaharı tekrar tavaya alın ve hafifçe ısıtın. Bir kerede servis yapın.

Kerevizli Dana Eti

4 kişilik

100g kereviz, şeritler halinde kesilmiş

45 ml / 3 yemek kaşığı fıstık yağı (yer fıstığı)

2 yeşil soğan (yeşil soğan), doğranmış

1 dilim zencefil kökü, doğranmış

8 oz / 225 gr yağsız sığır eti, şeritler halinde kesilmiş

30 ml / 2 yemek kaşığı soya sosu

30 ml / 2 yemek kaşığı pirinç şarabı veya sek şeri

2,5 ml / ¬Ω çay kaşığı şeker

2,5 ml / ¬Ω çay kaşığı tuz

Kerevizi kaynar suda 1 dakika haşlayın, ardından iyice süzün. Yağı ısıtın ve taze soğanları ve zencefili hafif altın rengi olana kadar kızartın. Eti ekleyin ve 4 dakika kızartın. Kereviz ekleyin ve 2 dakika kızartın. Soya sosu, şarap veya şeri, şeker ve tuzu ekleyin ve 3 dakika kızartın.

Kereviz ile kızarmış dana eti dilimleri

4 kişilik

30 ml / 2 yemek kaşığı fıstık yağı

450 gr / 1 lb yağsız dana eti, dilimlenmiş

3 kereviz sapı, rendelenmiş

1 soğan, rendelenmiş

1 taze soğan (yeşil soğan), dilimlenmiş

1 dilim zencefil kökü, doğranmış

30 ml / 2 yemek kaşığı soya sosu

15 ml / 1 yemek kaşığı pirinç şarabı veya sek şeri

2,5 ml / ½ çay kaşığı şeker

2,5 ml / ½ çay kaşığı tuz

10 ml / 2 çay kaşığı mısır unu (mısır nişastası)

30 ml / 2 yemek kaşığı su

Yağın yarısını çok kızana kadar ısıtın ve eti altın rengi kahverengi olana kadar 1 dakika kızartın. Tavadan çıkarın. Kalan yağı ısıtın ve kereviz, soğan, taze soğan ve zencefili hafifçe yumuşayana kadar kızartın. Eti soya sosu, şarap veya şeri, şeker ve tuzla birlikte tavaya geri koyun, kaynatın ve ısınması için soteleyin. Mısır unu ve suyu karıştırıp tencereye alın ve sos koyulaşana kadar pişirin. Bir kerede servis yapın.

Tavuk ve Kereviz ile Rendelenmiş Sığır Eti

4 kişilik

4 adet kuru Çin mantarı

45 ml / 3 yemek kaşığı fıstık yağı (yer fıstığı)

2 diş ezilmiş sarımsak

1 zencefil kökü dilimlenmiş, kıyılmış

5 ml / 1 çay kaşığı tuz

100g / 4oz yağsız sığır eti, şeritler halinde kesilmiş

100g / 4oz tavuk, şeritler halinde kesilmiş

2 havuç, şeritler halinde kesilmiş

2 kereviz sapı, şeritler halinde kesilmiş
4 taze soğan (yeşil soğan), şeritler halinde kesilmiş
5 ml / 1 çay kaşığı şeker
5 ml / 1 çay kaşığı soya sosu
5 ml / 1 çay kaşığı pirinç şarabı veya sek şeri
45 ml / 3 yemek kaşığı su
5 ml / 1 tatlı kaşığı mısır unu (mısır nişastası)

Mantarları ılık suda 30 dakika bekletin, sonra süzün. Sapları atın ve üstleri doğrayın. Yağı ısıtın ve sarımsak, zencefil ve tuzu hafif altın rengi olana kadar kızartın. Et ve tavuğu ekleyin ve kahverengileşmeye başlayana kadar kızartın. Kereviz, taze soğan, şeker, soya sosu, şarap veya şeri ve su ekleyin ve kaynatın. Örtün ve et yumuşayana kadar yaklaşık 15 dakika pişirin. Mısır ununu biraz su ile karıştırın, sosa ilave edin ve sos kalınlaşana kadar karıştırarak pişirin.

Şili ile sığır eti

4 kişilik

450 gr / 1 pound bonfile biftek, şeritler halinde kesilmiş
45 ml / 3 yemek kaşığı soya sosu
15 ml / 1 yemek kaşığı pirinç şarabı veya sek şeri
15 ml / 1 yemek kaşığı esmer şeker
15 ml / 1 yemek kaşığı ince kıyılmış zencefil kökü
30 ml / 2 yemek kaşığı fıstık yağı
50g / 2oz bambu filizi, kürdan şeklinde kesilmiş
1 soğan şeritler halinde kesilmiş
1 kereviz sapı, kibrit çöpü şeklinde kesilmiş
2 kırmızı biber, tohumlanmış ve şeritler halinde kesilmiş
120 ml / 4 fl oz / ¬Ω fincan tavuk suyu
15 ml / 1 yemek kaşığı mısır unu (mısır nişastası)

Bifteği bir kaseye koyun. Soya sosu, şarap veya şeri, şeker ve zencefili karıştırın ve bifteğe karıştırın. 1 saat mayalanmaya bırakın. Biftekleri marineden çıkarın. Yağın yarısını ısıtın ve bambu filizlerini, soğanı, kerevizi ve acı biberi 3 dakika kavurun ve tavadan alın. Kalan yağı ısıtın ve bifteği 3 dakika kızartın. Marinayı ekleyin, kaynatın ve kızartılmış sebzeleri ekleyin. Kısık ateşte karıştırarak 2 dakika pişirin. Et suyu ve mısır ununu karıştırıp tavaya ekleyin. Bir kaynamaya getirin ve sos incelip kalınlaşana kadar karıştırarak pişirin.

Çin Lahanası ile Sığır Eti

4 kişilik

225g / 8oz yağsız sığır eti
30 ml / 2 yemek kaşığı fıstık yağı
350g / 12oz Çin lahanası, kıyılmış
120 ml / 4 fl oz / ¬Ω fincan et suyu
tuz ve taze çekilmiş karabiber
10 ml / 2 çay kaşığı mısır unu (mısır nişastası)
30 ml / 2 yemek kaşığı su

Eti taneye karşı ince dilimler halinde kesin. Yağı ısıtın ve eti kızarana kadar kızartın. Çin lahanasını ekleyin ve hafifçe yumuşayana kadar kızartın. Et suyunu ekleyin, kaynatın ve tuz ve karabiber ekleyin. Örtün ve et yumuşayana kadar 4 dakika pişirin. Mısır unu ve suyu karıştırıp tencereye alın ve karıştırarak sos koyulaşana kadar pişirin.

Dana Pirzola Suey

4 kişilik

3 kereviz sapı, dilimlenmiş

100g / 4oz fasulye filizi

100g / 4 ons brokoli çiçeği

60 ml / 4 yemek kaşığı fıstık yağı

3 taze soğan (yeşil soğan), doğranmış

2 diş ezilmiş sarımsak

1 dilim zencefil kökü, doğranmış

8 oz / 225 gr yağsız sığır eti, şeritler halinde kesilmiş

45 ml / 3 yemek kaşığı soya sosu

15 ml / 1 yemek kaşığı pirinç şarabı veya sek şeri

5 ml / 1 çay kaşığı tuz

2,5 ml / ¬Ω çay kaşığı şeker
taze kara biber
15 ml / 1 yemek kaşığı mısır unu (mısır nişastası)

Kereviz, fasulye filizi ve brokoliyi kaynar suda 2 dakika haşlayın, ardından süzün ve kurulayın. 45 ml / 3 yemek kaşığı yağı ısıtın ve taze soğan, sarımsak ve zencefili hafif altın rengi olana kadar kızartın. Eti ekleyin ve 4 dakika kızartın. Tavadan çıkarın. Kalan yağı ısıtın ve sebzeleri 3 dakika kızartın. Et, soya sosu, şarap veya şeri, tuz, şeker ve bir tutam biber ekleyin ve 2 dakika kızartın. Mısır ununu biraz su ile karıştırıp tencereye alın ve kısık ateşte sos koyulaşana kadar karıştırarak pişirin.

salatalıklı dana eti

4 kişilik

450g / 1 pound bonfile, ince dilimlenmiş
45 ml / 3 yemek kaşığı soya sosu
30 ml / 2 yemek kaşığı mısır unu (mısır nişastası)

60 ml / 4 yemek kaşığı fıstık yağı
2 salatalık, soyulmuş, tohumlanmış ve dilimlenmiş
60 ml / 4 yemek kaşığı tavuk suyu
30 ml / 2 yemek kaşığı pirinç şarabı veya sek şeri
tuz ve taze çekilmiş karabiber

Bifteği bir kaseye koyun. Soya sosu ve mısır ununu karıştırıp bifteğe ekleyin. 30 dakika yumuşamaya bırakın. Yağın yarısını ısıtın ve salatalıkları 3 dakika opaklaşana kadar kızartın, ardından tavadan çıkarın. Kalan yağı ısıtın ve bifteği kızarana kadar kızartın. Salatalıkları ekleyin ve 2 dakika kızartın. Et suyu, şarap veya şeri ekleyin ve tuz ve karabiber ekleyin. Kaynatın, örtün ve 3 dakika kısık ateşte pişirin.

Sığır Chow Mein

4 kişilik
750 gr / 1 ¬Ω lb dana bonfile
2 soğan
45 ml / 3 yemek kaşığı soya sosu

45 ml / 3 yemek kaşığı pirinç şarabı veya sek şeri
15 ml / 1 yemek kaşığı fıstık ezmesi
5 ml / 1 çay kaşığı limon suyu
350g / 12oz yumurtalı erişte
60 ml / 4 yemek kaşığı fıstık yağı
175 ml / 6 fl oz / ¬œ fincan tavuk suyu
15 ml / 1 yemek kaşığı mısır unu (mısır nişastası)
30 ml / 2 yemek kaşığı istiridye sosu
4 taze soğan (yeşil soğan), doğranmış
3 kereviz sapı, dilimlenmiş
100g / 4oz mantar, dilimlenmiş
1 adet şeritler halinde kesilmiş yeşil biber
100g / 4oz fasulye filizi

Etteki yağı kesin ve atın. Tahıl boyunca ince dilimler halinde kesin. Soğanları dilimler halinde kesin ve katmanları ayırın. 15 ml / 1 çorba kaşığı soya sosu ile 15 ml / 1 çorba kaşığı şarap veya şeri, fıstık ezmesi ve limon suyunu karıştırın. Eti ekleyin, üzerini kapatın ve 1 saat dinlendirin. Erişteleri kaynar suda yaklaşık 5 dakika veya yumuşayana kadar pişirin. İyice süzün. 15 ml / 1 çorba kaşığı yağı ısıtın, 15 ml / 1 çorba kaşığı soya sosu ve erişteleri ekleyin ve 2 dakika hafifçe altın rengi alana kadar kızartın. Sıcak servis tabağına aktarın.

Kalan soya sosu ve şarap veya şeriyi et suyu, mısır unu ve istiridye sosuyla karıştırın. 15 ml / 1 çorba kaşığı yağı ısıtın ve soğanları 1 dakika kavurun. Kereviz, mantar, biber ve fasulye filizlerini ekleyip 2 dakika pişirin. Woktan çıkarın. Kalan yağı ısıtın ve eti kızarana kadar kızartın. Stok karışımı ekleyin, kaynatın, örtün ve 3 dakika pişirin. Sebzeleri tavaya geri koyun ve kısık ateşte karıştırarak yaklaşık 4 dakika sıcak olana kadar pişirin. Karışımı erişte üzerine dökün ve servis yapın.

salatalık bifteği

4 kişilik
450 gr / 1 kiloluk bonfile biftek
10 ml / 2 çay kaşığı mısır unu (mısır nişastası)
10 ml / 2 çay kaşığı tuz
2,5 ml / ¬Ω çay kaşığı taze çekilmiş biber
90 ml / 6 yemek kaşığı fıstık yağı
1 ince doğranmış soğan
1 salatalık, soyulmuş ve dilimlenmiş
120 ml / 4 fl oz / ¬Ω fincan et suyu

Filetoyu şeritler halinde kesin ve ardından damarlara karşı ince dilimler halinde kesin. Bir kaseye koyun ve mısır nişastası, tuz, karabiber ve yağın yarısını ekleyin. 30 dakika yumuşamaya bırakın. Kalan yağı ısıtın ve eti ve soğanı hafifçe kızarana kadar kızartın. Salatalıkları ve et suyunu ekleyin, kaynatın, üzerini kapatın ve 5 dakika pişirin.

Fırında dana köri

4 kişilik

45 ml / 3 yemek kaşığı tereyağı
15 ml / 1 yemek kaşığı toz köri
45 ml / 3 yemek kaşığı sade un (çok amaçlı)
375 ml / 13 fl oz / 1 Ω bardak süt
15 ml / 1 yemek kaşığı soya sosu
tuz ve taze çekilmiş karabiber
450 gr / 1 lb pişmiş dana eti, kıyılmış
100g / 4 ons bezelye
2 doğranmış havuç
2 doğranmış soğan
225 gr pişmiş uzun taneli pirinç, sıcak
1 haşlanmış yumurta (pişmiş), dilimlenmiş

Tereyağını eritin, köri tozu ve unu ekleyin ve 1 dakika pişirin. Süt ve soya sosu ekleyin, kaynatın ve karıştırarak 2 dakika pişirin. Tuz ve karabiberle tatlandırın. Eti, bezelyeyi, havucu ve soğanı ekleyin ve sosla kaplamak için iyice atın. Pirinci ekleyin, ardından karışımı bir fırın tepsisine aktarın ve önceden ısıtılmış fırında 200 ∞C / 400 ∞F / gaz işareti 6'da 20 dakika sebzeler yumuşayana kadar pişirin. Haşlanmış yumurta dilimleri ile süsleyerek servis yapın.

Basit Tavuk Tavada Kızartma

4 kişilik

1 tavuk göğsü, ince dilimlenmiş

2 dilim zencefil kökü, doğranmış

2 yeşil soğan (yeşil soğan), doğranmış

15 ml / 1 yemek kaşığı mısır unu (mısır nişastası)

15 ml / 1 yemek kaşığı pirinç şarabı veya sek şeri

30 ml / 2 yemek kaşığı su

2.5ml / ½ çay kaşığı tuz

45 ml / 3 yemek kaşığı fıstık yağı (yer fıstığı)

100 gr / 4 ons bambu filizi, dilimlenmiş

100g / 4oz mantar, dilimlenmiş

100g / 4oz fasulye filizi

15 ml / 1 yemek kaşığı soya sosu

5 ml / 1 çay kaşığı şeker

120 ml / 4 fl oz / ½ fincan tavuk suyu

Tavuğu bir kaseye koyun. Zencefil, taze soğan, mısır nişastası, şarap veya şeri, su ve tuzu karıştırın, tavuğa ekleyin ve 1 saat dinlendirin. Yağın yarısını ısıtın ve tavuğu hafifçe kızarana kadar kızartın, ardından tavadan çıkarın. Kalan yağı ısıtın ve bambu filizlerini, mantarları ve fasulye filizlerini 4 dakika kızartın. Soya sosu, şeker ve et suyunu ekleyin, kaynatın, üzerini kapatın ve sebzeler yumuşayana kadar 5 dakika pişirin. Tavuğu tavaya geri koyun, iyice karıştırın ve servis yapmadan önce hafifçe tekrar ısıtın.

Domates Soslu Tavuk

4 kişilik

30 ml / 2 yemek kaşığı fıstık yağı

5 ml / 1 çay kaşığı tuz

2 diş ezilmiş sarımsak

450 gr / 1 pound tavuk, kuşbaşı

300 ml / ½ pt / 1¼ su bardağı tavuk suyu

120 ml / 4 fl oz / ½ fincan domates sosu (ketçap)

15 ml / 1 yemek kaşığı mısır unu (mısır nişastası)

4 taze soğan (yeşil soğan), dilimlenmiş

Yağı tuz ve sarımsakla birlikte sarımsak hafif altın rengi olana kadar ısıtın. Tavuğu ekleyin ve hafif altın rengi olana kadar kızartın. Et suyunun çoğunu ekleyin, kaynatın, üzerini kapatın ve tavuk yumuşayana kadar yaklaşık 15 dakika pişirin. Kalan suyu domates sosu ve mısır unu ile karıştırın ve tavaya atın. Sos koyulaşana ve berraklaşana kadar karıştırarak kısık ateşte pişirin. Sos çok sıvı ise, azalana kadar bir süre kaynamaya bırakın. Frenk soğanı ekleyin ve servis yapmadan önce 2 dakika pişirin.

domatesli tavuk

4 kişilik

225g / 8oz tavuk, doğranmış

15 ml / 1 yemek kaşığı mısır unu (mısır nişastası)

15 ml / 1 yemek kaşığı soya sosu

15 ml / 1 yemek kaşığı pirinç şarabı veya sek şeri

45 ml / 3 yemek kaşığı fıstık yağı (yer fıstığı)

1 soğan küp şeklinde doğranmış

60 ml / 4 yemek kaşığı tavuk suyu

5 ml / 1 çay kaşığı tuz

5 ml / 1 çay kaşığı şeker

2 domates, derisiz ve doğranmış

Tavuğu mısır nişastası, soya sosu ve şarap veya şeri ile karıştırın ve 30 dakika dinlendirin. Yağı ısıtın ve tavuğu hafif bir renk alana kadar kızartın. Soğanı ekleyin ve yumuşayana kadar kızartın. Et suyu, tuz ve şekeri ekleyin, kaynatın ve tavuk pişene kadar kısık ateşte hafifçe karıştırın. Domatesleri ekleyin ve tamamen ısınana kadar karıştırın.

Haşlanmış domatesli tavuk

4 kişilik

4 porsiyon tavuk
4 domates, derisiz ve dörde bölünmüş
15 ml / 1 yemek kaşığı pirinç şarabı veya sek şeri
15 ml / 1 yemek kaşığı fıstık yağı
tuz

Tavuğu bir tavaya koyun ve soğuk suyla örtün. Kaynatın, örtün ve 20 dakika kısık ateşte pişirin. Domatesleri, şarabı veya şeriyi, yağı ve tuzu ekleyin, üzerini kapatın ve tavuk pişene kadar 10 dakika daha pişirin. Tavukları ısıtılmış servis tabağına alın ve dilimleyerek servis yapın. Sosu tekrar ısıtın ve servis yapmak için tavuğun üzerine dökün.

Siyah Fasulye Soslu Tavuk ve Domates

4 kişilik

45 ml / 3 yemek kaşığı fıstık yağı (yer fıstığı)
1 diş ezilmiş sarımsak
45 ml / 3 yemek kaşığı siyah fasulye sosu
225g / 8oz tavuk, doğranmış
15 ml / 1 yemek kaşığı pirinç şarabı veya sek şeri
5 ml / 1 çay kaşığı şeker
15 ml / 1 yemek kaşığı soya sosu
90 ml / 6 yemek kaşığı tavuk suyu
3 domates, derili ve dörde bölünmüş
10 ml / 2 çay kaşığı mısır unu (mısır nişastası)
45 ml / 3 yemek kaşığı su

Yağı ısıtın ve sarımsakları 30 saniye kızartın. Siyah fasulye sosunu ekleyin ve 30 saniye kızartın, ardından tavuğu ekleyin ve yağda iyice kaplanana kadar karıştırın. Şarap veya şeri, şeker, soya sosu ve et suyu ekleyin, kaynatın, üzerini kapatın ve tavuk pişene kadar yaklaşık 5 dakika pişirin. Mısır unu ve suyu bir macun haline getirin, tavaya karıştırın ve sos incelip kalınlaşana kadar karıştırarak pişirin.

Sebzeli Hızlı Pişmiş Tavuk

4 kişilik

1 yumurta akı

50 gr mısır unu (mısır nişastası)

225 gr tavuk göğsü, şeritler halinde kesilmiş

75 ml / 5 yemek kaşığı yer fıstığı yağı (yer fıstığı)

200g / 7oz bambu filizleri, şeritler halinde kesilmiş

50 gr / 2 ons fasulye filizi

1 adet şeritler halinde kesilmiş yeşil biber

3 taze soğan (soğan), dilimlenmiş

1 dilim zencefil kökü, doğranmış

1 diş kıyılmış sarımsak

15 ml / 1 yemek kaşığı pirinç şarabı veya sek şeri

Yumurta akı ve mısır nişastasını çırpın ve tavuk şeritlerini bu karışıma batırın. Yağı orta derecede ısıtın ve tavuğu pişene kadar birkaç dakika kızartın. Tavadan çıkarın ve iyice süzün. Bambu filizlerini, fasulye filizlerini, dolmalık biberi, soğanı, zencefili ve sarımsağı tavaya ekleyin ve 3 dakika soteleyin. Şarap veya şeri ekleyin ve tavuğu tavaya geri koyun. İyice karıştırın ve servis yapmadan önce ısıtın.

fındıklı tavuk

4 kişilik

45 ml / 3 yemek kaşığı fıstık yağı (yer fıstığı)
2 yeşil soğan (yeşil soğan), doğranmış
1 dilim zencefil kökü, doğranmış
1 pound / 450g tavuk göğsü, çok ince dilimlenmiş
50g / 2oz jambon, ufalanmış
30 ml / 2 yemek kaşığı soya sosu
30 ml / 2 yemek kaşığı pirinç şarabı veya sek şeri
5 ml / 1 çay kaşığı şeker
5 ml / 1 çay kaşığı tuz
100 gr / 4 ons / 1 su bardağı ceviz, kıyılmış

Yağı ısıtın ve soğanları ve zencefili 1 dakika kızartın. Tavuğu ve jambonu ekleyin ve neredeyse pişene kadar 5 dakika kızartın. Soya sosu, şarap veya şeri, şeker ve tuzu ekleyin ve 3 dakika kızartın. Fındıkları ekleyin ve malzemeler iyice karışana kadar 1 dakika kızartın.

cevizli tavuk

4 kişilik

100 gr / 4 ons / 1 su bardağı kabuklu ceviz, ikiye bölünmüş
kızartma yağı
45 ml / 3 yemek kaşığı fıstık yağı (yer fıstığı)
2 dilim zencefil kökü, doğranmış
225g / 8oz tavuk, doğranmış
100 gr / 4 ons bambu filizi, dilimlenmiş
75 ml / 5 yemek kaşığı tavuk suyu

Fındıkları hazırlayın, yağı ısıtın ve fındıkları kızarana kadar kızartın ve iyice süzün. Fıstık yağını ısıtın ve zencefili 30 saniye kızartın. Tavuğu ekleyin ve hafif altın rengi olana kadar kızartın. Kalan malzemeleri ekleyin, kaynatın ve tavuk pişene kadar karıştırarak pişirin.

Su Kestaneli Tavuk

4 kişilik

45 ml / 3 yemek kaşığı fıstık yağı (yer fıstığı)
2 diş ezilmiş sarımsak
2 yeşil soğan (yeşil soğan), doğranmış
1 dilim zencefil kökü, doğranmış
225g / 8oz tavuk göğsü, dilimlenmiş
100g / 4oz su kestanesi, dilimlenmiş
45 ml / 3 yemek kaşığı soya sosu
15 ml / 1 yemek kaşığı pirinç şarabı veya sek şeri
5 ml / 1 tatlı kaşığı mısır unu (mısır nişastası)

Yağı ısıtın ve sarımsak, taze soğan ve zencefili hafif altın rengi olana kadar kızartın. Tavuğu ekleyin ve 5 dakika kızartın. Su kestanelerini ekleyin ve 3 dakika kavurun. Soya sosu, şarap veya şeri ve mısır unu ekleyin ve tavuk tamamen pişene kadar yaklaşık 5 dakika soteleyin.

Su Kestaneli Tuzlu Tavuk

4 kişilik

30 ml / 2 yemek kaşığı fıstık yağı

4 parça tavuk

3 taze soğan (yeşil soğan), doğranmış

2 diş ezilmiş sarımsak

1 dilim zencefil kökü, doğranmış

250 ml / 8 fl oz / 1 su bardağı soya sosu

30 ml / 2 yemek kaşığı pirinç şarabı veya sek şeri

30 ml / 2 yemek kaşığı esmer şeker

5 ml / 1 çay kaşığı tuz

375 ml / 13 fl oz / 1¼ bardak su

225g / 8oz su kestanesi, dilimlenmiş

15 ml / 1 yemek kaşığı mısır unu (mısır nişastası)

Yağı ısıtın ve tavuk parçalarını kızarana kadar kızartın. Frenk soğanı, sarımsak ve zencefili ekleyin ve 2 dakika kızartın. Soya sosu, şarap veya şeri, şeker ve tuz ekleyin ve iyice karıştırın. Suyu ekleyin ve kaynatın, örtün ve 20 dakika pişirin. Su kestanelerini ekleyin, üzerini kapatın ve 20 dakika daha pişirin. Mısır ununu biraz su ile karıştırın, sosa ilave edin ve sos incelip koyulaşana kadar karıştırarak pişirin.

tavuk mantısı

4 kişilik

4 adet kuru Çin mantarı

450 gr / 1 lb tavuk göğsü, kıyılmış

8 oz / 225g karışık yeşillik, doğranmış

1 taze soğan (yeşil soğan), doğranmış

15 ml / 1 yemek kaşığı soya sosu

2.5ml / ½ çay kaşığı tuz

40 wonton görünüm

1 çırpılmış yumurta

Mantarları ılık suda 30 dakika bekletin, sonra süzün. Sapları atın ve üstleri doğrayın. Tavuk, sebze, soya sosu ve tuzla karıştırın.

Wontonları katlamak için deriyi sol avucunuzun içinde tutun ve ortasına bir miktar dolgu koyun. Kenarları yumurta ile nemlendirin ve cildi kenarlarını kapatarak üçgen şeklinde katlayın. Köşeleri yumurta ile nemlendirin ve çevirin.

Su ile bir tencereyi kaynatın. Wontonları ekleyin ve tepeye çıkana kadar yaklaşık 10 dakika pişirin.

çıtır tavuk kanatları

4 kişilik

900 gr / 2 lb tavuk kanadı

60 ml / 4 yemek kaşığı pirinç şarabı veya sek şeri

60 ml / 4 yemek kaşığı soya sosu

50 gr / 2 ons / ½ su bardağı mısır unu (mısır nişastası)

kızartmak için fıstık yağı

Tavuk kanatlarını bir kaseye koyun. Kalan malzemeleri karıştırın ve sosla kaplamak için iyice savurarak tavuk kanatlarının üzerine dökün. Örtün ve 30 dakika bekletin. Yağı ısıtın ve tavuğu iyice pişene ve koyu kahverengi olana kadar her seferinde birkaç kez kızartın. Mutfak kağıdına iyice boşaltın ve kalan tavuk kızarırken sıcak tutun.

Beş Baharatlı Tavuk Kanadı

4 kişilik

30 ml / 2 yemek kaşığı fıstık yağı

2 diş ezilmiş sarımsak

450 gr / 1 pound tavuk kanadı

250 ml / 8 fl oz / 1 su bardağı tavuk suyu

30 ml / 2 yemek kaşığı soya sosu

5 ml / 1 çay kaşığı şeker

5 ml / 1 çay kaşığı beş baharat tozu

Yağı ve sarımsağı, sarımsak hafifçe altın rengi olana kadar ısıtın. Tavuğu ekleyin ve hafif altın rengi olana kadar kızartın. Kalan malzemeleri ekleyin, iyice karıştırın ve kaynatın. Örtün ve tavuk tamamen pişene kadar yaklaşık 15 dakika pişirin. Kapağı çıkarın ve sıvının çoğu buharlaşana kadar ara sıra karıştırarak kısık ateşte pişirmeye devam edin. Sıcak veya soğuk servis yapın.

Marine edilmiş tavuk kanatları

4 kişilik

45 ml / 3 yemek kaşığı soya sosu
45 ml / 3 yemek kaşığı pirinç şarabı veya sek şeri
30 ml / 2 yemek kaşığı esmer şeker
5 ml / 1 çay kaşığı rendelenmiş zencefil kökü
2 diş ezilmiş sarımsak
6 taze soğan (yeşil soğan), dilimlenmiş
450 gr / 1 pound tavuk kanadı
30 ml / 2 yemek kaşığı fıstık yağı
225 gr / 8 ons bambu filizi, dilimlenmiş
20 ml / 4 çay kaşığı mısır unu (mısır nişastası)
175 ml / 6 fl oz / ¾ bardak tavuk suyu

Soya sosu, şarap veya şeri, şeker, zencefil, sarımsak ve frenk soğanı karıştırın. Tavuk kanatlarını ekleyin ve tamamen kaplamak için fırlatın. Örtün ve ara sıra karıştırarak 1 saat bekletin. Yağı ısıtın ve bambu filizlerini 2 dakika kızartın. Onları tavadan çıkarın. Tavuğu ve soğanı boşaltın, turşuyu ayırın. Yağı ısıtın ve tavuğu her taraftan kızarana kadar kızartın. Örtün ve tavuk yumuşayana kadar 20 dakika daha pişirin. Mısır nişastasını et suyu ve ayrılmış turşuyla karıştırın.

Tavuğun üzerine dökün ve sos kalınlaşana kadar karıştırarak kaynatın. Bambu filizlerini ekleyin ve karıştırarak 2 dakika daha pişirin.

Kraliyet Tavuk Kanadı

4 kişilik

12 tavuk kanadı
250 ml / 8 fl oz / 1 su bardağı yer fıstığı yağı (yer fıstığı)
15 ml / 1 yemek kaşığı toz şeker
2 taze soğan (soğan), parçalar halinde kesilmiş
5 dilim zencefil kökü
5 ml / 1 çay kaşığı tuz
45 ml / 3 yemek kaşığı soya sosu
250 ml / 8 fl oz / 1 su bardağı pirinç şarabı veya sek şeri
250 ml / 8 fl oz / 1 su bardağı tavuk suyu
10 dilim bambu filizi
15 ml / 1 yemek kaşığı mısır unu (mısır nişastası)
15 ml / 1 yemek kaşığı su
2,5 ml / ½ çay kaşığı susam yağı

Tavuk kanatlarını kaynar suda 5 dakika haşladıktan sonra suyunu iyice süzün. Yağı ısıtın, şekeri ekleyin ve eriyene ve kızarana kadar karıştırın. Tavuk, yeşil soğan, zencefil, tuz, soya sosu, şarap ve et suyu ekleyin, kaynatın ve 20 dakika pişirin. Bambu filizlerini ekleyin ve 2 dakika veya sıvı neredeyse tamamen buharlaşana kadar pişirin. Mısır unu ile suyu karıştırıp tencereye alın ve koyulaşana kadar karıştırın. Tavuk kanatları sıcak servis tabağına alıp üzerine susam yağı gezdirerek servis yapın.

Baharatlı Tavuk Kanadı

4 kişilik

30 ml / 2 yemek kaşığı fıstık yağı
5 ml / 1 çay kaşığı tuz
2 diş ezilmiş sarımsak
900 gr / 2 lb tavuk kanadı
30 ml / 2 yemek kaşığı pirinç şarabı veya sek şeri
30 ml / 2 yemek kaşığı soya sosu
30 ml / 2 yemek kaşığı domates püresi (salça)
15 ml / 1 yemek kaşığı Worcestershire sosu

Yağı, tuzu ve sarımsağı ısıtın ve sarımsak hafif altın rengine dönene kadar kızartın. Tavuk kanatlarını ekleyin ve sık sık karıştırarak yaklaşık 10 dakika kızarana ve neredeyse tamamen pişene kadar kızartın. Kalan malzemeleri ekleyin ve tavuk gevrekleşip tamamen pişene kadar yaklaşık 5 dakika soteleyin.

Izgara tavuk butları

4 kişilik

16 adet tavuk budu

30 ml / 2 yemek kaşığı pirinç şarabı veya sek şeri

30 ml / 2 yemek kaşığı şarap sirkesi

30 ml / 2 yemek kaşığı zeytinyağı

tuz ve taze çekilmiş karabiber

120 ml / 4 fl oz / ½ fincan portakal suyu

30 ml / 2 yemek kaşığı soya sosu

30 ml / 2 yemek kaşığı bal

15 ml / 1 yemek kaşığı limon suyu

2 dilim zencefil kökü, doğranmış

120 ml / 4 fl oz / ½ fincan biber sosu

Biber sosu hariç tüm malzemeleri karıştırın, üzerini kapatın ve bir gece buzdolabında marine etmeye bırakın. Tavuğu marinadan çıkarın ve ızgarada veya ızgarada (ızgarada) yaklaşık 25 dakika pişirin, pişerken acı sos ile çevirin ve yağlayın.

Hoisin Tavuk Butları

4 kişilik

8 tavuk budu
600 ml / 1 pt / 2½ su bardağı tavuk suyu
tuz ve taze çekilmiş karabiber
250 ml / 8 fl oz / 1 su bardağı hoisin sosu
30 ml / 2 yemek kaşığı sade un (çok amaçlı)
2 çırpılmış yumurta
100 gr / 4 ons / 1 su bardağı galeta unu
kızartma yağı

Butları ve et suyunu bir tavaya koyun, kaynatın, üzerini kapatın ve pişene kadar 20 dakika pişirin. Tavuğu tavadan çıkarın ve mutfak kağıdıyla kurulayın. Tavuğu bir kaseye koyun ve tuz ve karabiber ekleyin. Üzüm sosu üzerine dökün ve 1 saat marine edin. Tahliye etmek. Tavuğu una bulayın, ardından yumurta ve galeta ununa bulayın, ardından tekrar yumurta ve galeta ununa bulayın. Yağı ısıtın ve tavuğu kızarana kadar yaklaşık 5 dakika kızartın. Mutfak kağıdına boşaltın ve sıcak veya soğuk servis yapın.

kızarmış tavuk

4 ila 6 porsiyon için

75 ml / 5 yemek kaşığı yer fıstığı yağı (yer fıstığı)

1 tavuk

3 taze soğan (soğan), dilimlenmiş

3 dilim zencefil kökü

120 ml / 4 fl oz / ½ fincan soya sosu

30 ml / 2 yemek kaşığı pirinç şarabı veya sek şeri

5 ml / 1 çay kaşığı şeker

Yağı ısıtın ve tavuğu altın rengi olana kadar kızartın. Yeşil soğan, zencefil, soya sosu ve şarap veya şeri ekleyin ve kaynatın. Örtün ve ara sıra çevirerek 30 dakika pişirin. Şeker ekleyin, örtün ve tavuk pişene kadar 30 dakika daha pişirin.

gevrek kızarmış tavuk

4 kişilik

1 tavuk

tuz

30 ml / 2 yemek kaşığı pirinç şarabı veya sek şeri

3 taze soğan (soğan), doğranmış

1 dilim zencefil kökü

30 ml / 2 yemek kaşığı soya sosu

30 ml / 2 yemek kaşığı şeker

5 ml / 1 çay kaşığı bütün karanfil

5 ml / 1 çay kaşığı tuz

5 ml / 1 çay kaşığı karabiber

150 ml / ¼ pt / cömert ½ su bardağı tavuk suyu

kızartma yağı

1 marul, kıyılmış

4 domates, dilimlenmiş

½ salatalık, dilimlenmiş

Tavuğu tuzla ovalayın ve 3 saat dinlendirin. Durulayın ve bir kaseye koyun. Şarap veya şeri, zencefil, soya sosu, şeker, karanfil, tuz, karabiber ve et suyu ekleyin ve iyice karıştırın. Kaseyi bir buharlayıcıya yerleştirin, üzerini kapatın ve tavuk tamamen pişene kadar yaklaşık 2 ¼ saat buharda pişirin. Tahliye etmek. Yağı duman çıkana kadar ısıtın, ardından tavuğu ekleyin ve kızarana kadar kızartın. 5 dakika daha kızartın, yağdan çıkarın ve süzün. Dilim dilim kesin ve sıcak servis tabağına alın. Marul, domates ve salatalık ile süsleyin ve tuz ve biber sosu ile servis yapın.

Bütün Kızarmış Tavuk

5 kişilik

1 tavuk
10 ml / 2 çay kaşığı tuz
15 ml / 1 yemek kaşığı pirinç şarabı veya sek şeri
2 taze soğan (yeşil soğan), ikiye bölünmüş
3 dilim zencefil kökü, şeritler halinde kesilmiş
kızartma yağı

Tavuğu kurutun ve cildi tuz ve şarap veya şeri ile ovun. Frenk soğanı ve zencefili boşluğun içine yerleştirin. Tavuğu yaklaşık 3 saat serin bir yerde kurumaya bırakın. Yağı ısıtın ve tavuğu bir kızartma sepetine koyun. Yavaşça yağın içine indirin ve tavuk hafifçe renklenene kadar sürekli olarak içini ve dışını teyelleyin. Yağdan çıkarın ve yağı yeniden ısıtırken biraz soğumaya bırakın. Altın olana kadar tekrar kızartın. İyice süzün ve ardından parçalara ayırın.

beş baharatlı tavuk

4 ila 6 porsiyon için

1 tavuk
120 ml / 4 fl oz / ½ fincan soya sosu
2,5 cm / 1 inç zencefil kökü, kıyılmış
1 diş ezilmiş sarımsak
15 ml / 1 yemek kaşığı beş baharat tozu
30 ml / 2 yemek kaşığı pirinç şarabı veya sek şeri
30 ml / 2 yemek kaşığı bal
2,5 ml / ½ çay kaşığı susam yağı
kızartma yağı
30 ml / 2 yemek kaşığı tuz
5 ml / 1 çay kaşığı taze çekilmiş biber

Tavuğu büyük bir tencereye koyun ve uyluğun ortasına kadar suyla doldurun. Soya sosundan 15 ml / 1 çorba kaşığı ayırın ve kalanını zencefil, sarımsak ve beş baharat tozunun yarısı ile tavaya ekleyin. Kaynatın, örtün ve 5 dakika kısık ateşte pişirin. Ocağı kapatın ve tavuğu su ılık olana kadar suda bekletin. Tahliye etmek.

Tavukları uzunlamasına ortadan ikiye kesin ve kesik tarafları alta gelecek şekilde fırın tepsisine dizin. Kalan soya sosu ve beş baharat tozunu şarap veya şeri, bal ve susam yağı ile karıştırın. Karışımı tavuğun üzerine sürün ve ara sıra karışımla fırçalayarak 2 saat bekletin. Yağı ısıtın ve tavuk yarımlarını altın rengi kahverengi olana ve tamamen pişene kadar yaklaşık 15 dakika kızartın. Mutfak kağıdına boşaltın ve porsiyonlar halinde kesin.

Bu arada tuz ve karabiberi karıştırın ve kuru bir tavada yaklaşık 2 dakika ısıtın. Tavukla sos olarak servis yapın.

Zencefil ve frenk soğanı ile tavuk

4 kişilik

1 tavuk

2 dilim zencefil kökü, şeritler halinde kesilmiş

tuz ve taze çekilmiş karabiber

90 ml / 4 yemek kaşığı fıstık yağı

8 taze soğan (soğan), ince kıyılmış

10 ml / 2 çay kaşığı beyaz şarap sirkesi

5 ml / 1 çay kaşığı soya sosu

Tavuğu büyük bir tencereye koyun, zencefilin yarısını ekleyin ve tavuğu neredeyse kaplayacak kadar su dökün. Tuz ve karabiberle tatlandırın. Kaynatın, örtün ve yumuşayana kadar yaklaşık 1¼ saat pişirin. Tavuğu soğuyana kadar et suyunda bekletin. Tavuğu boşaltın ve soğuyana kadar soğutun. Porsiyonlar halinde kesin.

Kalan zencefili rendeleyin ve yağ, taze soğan, şarap sirkesi ve soya sosu, tuz ve karabiberle karıştırın. 1 saat buzdolabında bekletin. Tavuk parçalarını servis tabağına alın ve üzerine zencefilli sosu gezdirin. Haşlanmış pilav ile servis yapın.

Haşlama Tavuk

4 kişilik

1 tavuk
1,2 l / 2 puan / 5 su bardağı tavuk suyu veya su
30 ml / 2 yemek kaşığı pirinç şarabı veya sek şeri
4 taze soğan (yeşil soğan), doğranmış
1 dilim zencefil kökü
5 ml / 1 çay kaşığı tuz

Tavuğu kalan tüm malzemelerle birlikte büyük bir tencereye koyun. Et suyu veya su uyluğun ortasına kadar gelmelidir. Kaynatın, örtün ve tavuk tamamen pişene kadar yaklaşık 1 saat pişirin. Süzün, suyu çorbalar için ayırın.

Kırmızı Pişmiş Tavuk

4 kişilik

1 tavuk

250 ml / 8 fl oz / 1 su bardağı soya sosu

Tavuğu bir tavaya koyun, üzerine soya sosu dökün ve tavuğu neredeyse kaplayacak şekilde suyla doldurun. Kaynatın, örtün ve ara sıra çevirerek tavuk pişene kadar yaklaşık 1 saat pişirin.

Baharatlı kırmızı pişmiş tavuk

4 kişilik

2 dilim zencefil kökü
2 taze soğan (soğan)
1 tavuk
3 yıldız anason karanfil
½ çubuk tarçın
15 ml / 1 yemek kaşığı Sichuan karabiber
75 ml / 5 yemek kaşığı soya sosu
75 ml / 5 yemek kaşığı pirinç şarabı veya sek şeri
75 ml / 5 yemek kaşığı susam yağı
15ml / 1 yemek kaşığı şeker

Zencefili ve yeşil soğanı tavuk boşluğuna yerleştirin ve tavuğu bir tavaya koyun. Yıldız anasonu, tarçını ve karabiberleri bir tülbente sarıp tavaya ekleyin. Üzerine soya sosu, şarap veya şeri ve susam yağı dökün. Kaynatın, örtün ve yaklaşık 45 dakika kısık ateşte pişirin. Şeker ekleyin, örtün ve tavuk tamamen pişene kadar 10 dakika daha pişirin.

Izgara susamlı tavuk

4 kişilik

50g / 2 ons susam

1 ince doğranmış soğan

2 diş kıyılmış sarımsak

10 ml / 2 çay kaşığı tuz

1 adet kurutulmuş kırmızı biber, ezilmiş

bir tutam karanfil

2,5 ml / ½ çay kaşığı öğütülmüş kakule

2,5 ml / ½ çay kaşığı öğütülmüş zencefil

75 ml / 5 yemek kaşığı yer fıstığı yağı (yer fıstığı)

1 tavuk

Tüm baharatları ve yağı birlikte karıştırın ve tavuğun üzerine fırçalayın. Bir kavurma tavasına yerleştirin ve tavaya 30 ml / 2 yemek kaşığı su ekleyin. Önceden ısıtılmış fırında 180°C/350°F/gaz işareti 4'te yaklaşık 2 saat kızartın, ara sıra tavuğu yağlayın ve çevirin, altın rengi kahverengi olana ve tamamen pişene kadar. Yanıkları önlemek için gerekirse biraz daha su ekleyin.

soya soslu tavuk

4 ila 6 porsiyon için

300 ml / ½ pt / 1¼ su bardağı soya sosu

300 ml / ½ pt / 1¼ su bardağı pirinç şarabı veya sek şeri

1 doğranmış soğan

3 dilim kök zencefil, doğranmış

50 gr / 2 ons / ¼ su bardağı şeker

1 tavuk

15 ml / 1 yemek kaşığı mısır unu (mısır nişastası)

60 ml / 4 yemek kaşığı su

1 salatalık, soyulmuş ve dilimlenmiş

30 ml / 2 yemek kaşığı doğranmış taze maydanoz

Soya sosu, şarap veya şeri, soğan, zencefil ve şekeri bir tavada karıştırın ve kaynatın. Tavuğu ekleyin, tekrar kaynatın, üzerini kapatın ve pişene kadar ara sıra tavuğu çevirerek 1 saat pişirin. Tavukları sıcak servis tabağına alın ve dilimleyin. 250 ml / 8 fl oz / 1 fincan hariç hepsini pişirme sıvısına dökün ve tekrar kaynatın. Mısır unu ve suyu bir macun haline getirin, tavaya karıştırın ve sos incelip kalınlaşana kadar karıştırarak pişirin. Tavuğun üzerine biraz sos gezdirin ve tavuğu salatalık ve maydanozla süsleyin. Kalan sosu ayrı olarak servis edin.

buğulanmış tavuk

4 kişilik

1 tavuk

45 ml / 3 yemek kaşığı pirinç şarabı veya sek şeri

tuz

2 dilim zencefil kökü

2 taze soğan (soğan)

250 ml / 8 fl oz / 1 su bardağı tavuk suyu

Tavuğu fırına dayanıklı bir kaseye koyun ve şarap veya şeri ve tuzla ovun ve boşluğun içine zencefil ve taze soğanları yerleştirin. Kâseyi bir buharlı pişiricideki rafa yerleştirin, üzerini kapatın ve tamamen pişene kadar yaklaşık 1 saat kaynar su üzerinde buharlayın. Sıcak veya soğuk servis yapın.

Anasonlu buğulanmış tavuk

4 kişilik

250 ml / 8 fl oz / 1 su bardağı soya sosu
250 ml / 8 fl oz / 1 bardak su
15 ml / 1 yemek kaşığı esmer şeker
4 yıldız anason karanfil
1 tavuk

Soya sosu, su, şeker ve anasonu bir sos tenceresine alıp kısık ateşte kaynamaya bırakın. Tavuğu bir kaseye koyun ve karışımın içini ve dışını iyice çiseleyin. Karışımı tekrar ısıtın ve tekrarlayın. Tavuğu ateşe dayanıklı bir kaba koyun. Kâseyi bir buharlı pişiricideki rafa yerleştirin, üzerini kapatın ve tamamen pişene kadar yaklaşık 1 saat kaynar su üzerinde buharlayın.

garip tatma tavuk

4 kişilik

1 tavuk

5 ml / 1 çay kaşığı kıyılmış zencefil kökü

5 ml / 1 çay kaşığı kıyılmış sarımsak

45 ml / 3 yemek kaşığı kalın soya sosu

5 ml / 1 çay kaşığı şeker

2,5 ml / ½ çay kaşığı şarap sirkesi

10 ml / 2 çay kaşığı susam sosu

5 ml / 1 çay kaşığı taze çekilmiş biber

10 ml / 2 çay kaşığı biber yağı

½ marul, kıyılmış

15 ml / 1 yemek kaşığı kıyılmış taze kişniş

Tavuğu bir tencereye koyun ve tavuk butlarının ortasına gelene kadar suyla doldurun. Kaynatın, örtün ve tavuk yumuşayana kadar yaklaşık 1 saat pişirin. Tavadan çıkarın ve iyice süzün ve et tamamen soğuyana kadar buzlu suda bekletin. İyice süzün ve 5 cm / 2 parçaya doğrayın, kalan tüm malzemeleri karıştırın ve tavuğun üzerine dökün. Marul ve kişniş ile süsleyerek servis yapın.

çıtır tavuk parçaları

4 kişilik

100g / 4oz sade un (çok amaçlı)

bir tutam tuz

15 ml / 1 yemek kaşığı su

1 yumurta

350g / 12oz pişmiş tavuk, kuşbaşı

kızartma yağı

Un, tuz, su ve yumurtayı oldukça sert bir hamur elde edene kadar karıştırın, gerekirse biraz daha su ekleyin. Tavuk parçalarını iyice kaplanana kadar hamura batırın. Yağı çok sıcak olana kadar ısıtın ve tavuğu gevrek ve altın rengi olana kadar birkaç dakika kızartın.

Yeşil Fasulyeli Tavuk

4 kişilik

45 ml / 3 yemek kaşığı fıstık yağı (yer fıstığı)

450 gr pişmiş tavuk, kıyılmış

5 ml / 1 çay kaşığı tuz

2,5 ml / ½ çay kaşığı taze çekilmiş biber

8 ons / 225 gr yeşil fasulye, parçalar halinde kesilmiş

1 kereviz sapı, çapraz olarak kesilmiş

225g / 8oz mantar, dilimlenmiş

250 ml / 8 fl oz / 1 su bardağı tavuk suyu

30 ml / 2 yemek kaşığı mısır unu (mısır nişastası)

60 ml / 4 yemek kaşığı su

10 ml / 2 çay kaşığı soya sosu

Yağı ısıtın ve tavuğu kızartın, hafifçe kızarana kadar tuz ve karabiber ekleyin. Fasulye, kereviz ve mantarları ekleyin ve iyice karıştırın. Et suyunu ekleyin, kaynatın, örtün ve 15 dakika pişirin. Mısır unu, su ve soya sosunu bir macun haline getirin, tavaya karıştırın ve sos incelip kalınlaşana kadar karıştırarak pişirin.

Ananaslı Pişmiş Tavuk

4 kişilik
45 ml / 3 yemek kaşığı fıstık yağı (yer fıstığı)
225 gr pişmiş tavuk, doğranmış
tuz ve taze çekilmiş karabiber
2 kereviz sapı, çapraz olarak kesilmiş
3 ananas dilimi, parçalar halinde kesilmiş
120 ml / 4 fl oz / ½ fincan tavuk suyu
15 ml / 1 yemek kaşığı soya sosu
10 ml / 2 yemek kaşığı mısır unu (mısır nişastası)
30 ml / 2 yemek kaşığı su

Yağı ısıtın ve tavuğu hafifçe kızarana kadar kızartın. Tuz ve karabiber serpin, kerevizi ekleyin ve 2 dakika kızartın. Ananas, et suyu ve soya sosu ekleyin ve iyice ısınana kadar birkaç dakika karıştırın. Mısır unu ve suyu bir macun haline getirin, tavaya karıştırın ve sos incelip kalınlaşana kadar karıştırarak pişirin.

Biber ve Domatesli Tavuk

4 kişilik

45 ml / 3 yemek kaşığı fıstık yağı (yer fıstığı)
450 gr / 1 lb pişmiş tavuk, dilimlenmiş
10 ml / 2 çay kaşığı tuz
5 ml / 1 çay kaşığı taze çekilmiş biber
1 adet küçük parçalar halinde doğranmış yeşil biber
4 büyük domates, derisiz ve dilimler halinde kesilmiş
250 ml / 8 fl oz / 1 su bardağı tavuk suyu
30 ml / 2 yemek kaşığı mısır unu (mısır nişastası)
15 ml / 1 yemek kaşığı soya sosu
120 ml / 4 fl oz / ½ bardak su

Yağı ısıtın ve tavuğu kızartın, tuz ve karabiber ekleyin. Biberleri ve domatesleri ekleyin. Et suyunu dökün, kaynatın, örtün ve 15 dakika pişirin. Mısır unu, soya sosu ve suyu bir macun haline getirin, tavaya karıştırın ve sos incelip kalınlaşana kadar karıştırarak pişirin.

Susamlı Tavuk

4 kişilik

450 gr / 1 lb pişmiş tavuk, şeritler halinde kesilmiş
2 dilim ince kıyılmış zencefil
1 taze soğan (soğan), ince kıyılmış
tuz ve taze çekilmiş karabiber
60 ml / 4 yemek kaşığı pirinç şarabı veya sek şeri
60 ml / 4 yemek kaşığı susam yağı
10 ml / 2 çay kaşığı şeker
5 ml / 1 çay kaşığı şarap sirkesi
150 ml / ¼ pt / cömert ½ su bardağı soya sosu

Tavuğu servis tabağına alın ve üzerine zencefil, frenk soğanı, tuz ve karabiber serpin. Şarap veya şeri, susam yağı, şeker, şarap sirkesi ve soya sosu karıştırın. Tavukların üzerine dökün.

kızarmış poussins

4 kişilik

2 poussins, ikiye bölünmüş
45 ml / 3 yemek kaşığı soya sosu
45 ml / 3 yemek kaşığı pirinç şarabı veya sek şeri
120 ml / 4 fl oz / ½ fincan yer fıstığı yağı (yer fıstığı)
1 taze soğan (soğan), ince kıyılmış
30 ml / 2 yemek kaşığı tavuk suyu
10 ml / 2 çay kaşığı şeker
5 ml / 1 çay kaşığı acı biber yağı
5 ml / 1 çay kaşığı sarımsak ezmesi
tuz ve biber

Poussinleri bir kaseye koyun. Soya sosu ve şarabı veya şeriyi karıştırın, poussinlerin üzerine dökün, üzerini kapatın ve sık sık teyelleyerek 2 saat marine edin. Yağı ısıtın ve poussinleri iyice pişene kadar yaklaşık 20 dakika kızartın. Onları tavadan çıkarın ve yağı tekrar ısıtın. Onları tavaya geri koyun ve kızarana kadar kızartın. Yağın çoğunu boşaltın. Kalan malzemeleri karıştırın, tavaya ekleyin ve hızlıca ısıtın. Servis yapmadan önce poussinlerin üzerine dökün.

Mangetout ile Türkiye

4 kişilik

60 ml / 4 yemek kaşığı fıstık yağı
2 yeşil soğan (yeşil soğan), doğranmış
2 diş ezilmiş sarımsak
1 dilim zencefil kökü, doğranmış
225 gr hindi göğsü, şeritler halinde kesilmiş
8 ons / 225 gr kar bezelyesi
100g / 4oz bambu filizleri, şeritler halinde kesilmiş
50 gr / 2 ons su kestanesi, şeritler halinde kesilmiş
45 ml / 3 yemek kaşığı soya sosu
15 ml / 1 yemek kaşığı pirinç şarabı veya sek şeri
5 ml / 1 çay kaşığı şeker
5 ml / 1 çay kaşığı tuz
15 ml / 1 yemek kaşığı mısır unu (mısır nişastası)

45 ml / 3 yemek kaşığı yağı ısıtın ve taze soğan, sarımsak ve zencefili hafif altın rengi olana kadar kızartın. Hindiyi ekleyin ve 5 dakika kızartın. Tavadan çıkarın ve bir kenara koyun. Kalan yağı ısıtın ve bezelye, bambu filizleri ve kestaneleri 3 dakika kızartın. Soya sosu, şarap veya şeri, şeker ve tuzu ekleyin ve hindiyi tekrar tavaya alın. 1 dakika soteleyin. Mısır

ununu biraz su ile karıştırıp tencereye alın ve kısık ateşte sos koyulaşana kadar karıştırarak pişirin.

biberli hindi

4 kişilik

4 adet kuru Çin mantarı
30 ml / 2 yemek kaşığı fıstık yağı
1 Çin lahanası, şeritler halinde kesilmiş
350 gr tütsülenmiş hindi, şeritler halinde kesilmiş
1 dilimlenmiş soğan
1 adet şeritler halinde kesilmiş kırmızı dolmalık biber
1 adet şeritler halinde kesilmiş yeşil biber
120 ml / 4 fl oz / ½ fincan tavuk suyu
30 ml / 2 yemek kaşığı domates püresi (salça)
45 ml / 3 yemek kaşığı şarap sirkesi
30 ml / 2 yemek kaşığı soya sosu
15 ml / 1 yemek kaşığı hoisin sosu
10 ml / 2 çay kaşığı mısır unu (mısır nişastası)
birkaç damla biber yağı

Mantarları ılık suda 30 dakika bekletin, sonra süzün. Sapları atın ve üstleri şeritler halinde kesin. Yağın yarısını ısıtın ve lahanayı yaklaşık 5 dakika veya pişene kadar kızartın. Tavadan çıkarın. Hindiyi ekleyin ve 1 dakika kızartın. Sebzeleri ekleyin ve 3 dakika kızartın. Et suyunu domates püresi, şarap sirkesi ve soslarla karıştırın ve lahana ile tavaya ekleyin. Nişastayı bir miktar su ile karıştırarak tencereye alın ve karıştırarak kaynatın. Biber yağı serpin ve sürekli karıştırarak 2 dakika kısık ateşte pişirin.

çin kızartma hindi

8 ila 10 kişilik

1 küçük hindi
600 ml / 1 puan / 2½ bardak sıcak su
10 ml / 2 çay kaşığı yenibahar
500 ml / 16 fl oz / 2 su bardağı soya sosu
5 ml / 1 çay kaşığı susam yağı
10 ml / 2 çay kaşığı tuz
45 ml / 3 yemek kaşığı tereyağı

Hindiyi bir tavaya koyun ve üzerine sıcak su dökün. Tereyağı hariç diğer malzemeleri ekleyin ve birkaç kez çevirerek 1 saat bekletin. Hindiyi sıvıdan çıkarın ve üzerine tereyağı sürün. Bir kızartma tavasına koyun, mutfak kağıdıyla gevşek bir şekilde örtün ve önceden ısıtılmış fırında 160°C/325°F/gaz işareti 3'te yaklaşık 4 saat kızartın, ara sıra soya sosu sıvısıyla yağlayın. Folyoyu çıkarın ve pişirmenin son 30 dakikasında derinin çıtır çıtır olmasına izin verin.

ceviz ve mantarlı hindi

4 kişilik
450 gr hindi göğüs filetosu
tuz ve biber
1 portakalın suyu
15 ml / 1 yemek kaşığı sade un (çok amaçlı)
12 adet siyah ceviz turşusu ve suyu
5 ml / 1 tatlı kaşığı mısır unu (mısır nişastası)
15 ml / 1 yemek kaşığı fıstık yağı
2 taze soğan (soğan), doğranmış
225g / 8 ons mantar
45 ml / 3 yemek kaşığı pirinç şarabı veya sek şeri
10 ml / 2 çay kaşığı soya sosu
50 gr / 2 ons / ½ su bardağı tereyağı
25 gr / 1 ons çam fıstığı

Hindiyi 1/2 cm kalınlığında dilimler halinde kesin. Tuz, karabiber ve portakal suyu serpin ve un serpin. Cevizleri süzün ve ikiye bölün, sıvıyı ayırın ve sıvıyı mısır nişastası ile karıştırın. Yağı ısıtın ve hindiyi kızarana kadar kızartın. Taze soğanları ve mantarları ekleyin ve 2 dakika kızartın. Şarap veya şeri ve soya sosu ekleyin ve 30 saniye pişirin. Fındıkları mısır unu karışımına ekleyin, ardından tavaya karıştırın ve kaynatın. Tereyağını küçük parçalar halinde ekleyin ama karışımın kaynamasına izin vermeyin. Çam fıstığını kuru bir tavada altın rengi alana kadar kavurun. Hindi karışımını ılık servis tabağına alın ve çam fıstığı ile süsleyerek servis yapın.

bambu filizli ördek

4 kişilik

6 adet kuru Çin mantarı

1 ördek

50g / 2oz tütsülenmiş jambon, şeritler halinde kesilmiş

100g / 4oz bambu filizleri, şeritler halinde kesilmiş

2 taze soğan (yeşil soğan), şeritler halinde kesilmiş

2 dilim zencefil kökü, şeritler halinde kesilmiş

5 ml / 1 çay kaşığı tuz

Mantarları ılık suda 30 dakika bekletin, sonra süzün. Sapları atın ve üstleri şeritler halinde kesin. Tüm malzemeleri ısıya dayanıklı bir kaba koyun ve kasenin üçte ikisi dolana kadar su dolu bir tencereye koyun. Kaynatın, örtün ve ördek pişene kadar yaklaşık 2 saat kısık ateşte pişirin, gerekirse üzerine kaynar su ekleyin.

fasulye filizi ile ördek

4 kişilik

225 gr / 8 ons fasulye filizi

45 ml / 3 yemek kaşığı fıstık yağı (yer fıstığı)

450 gr pişmiş ördek eti

15 ml / 1 yemek kaşığı istiridye sosu

15 ml / 1 yemek kaşığı pirinç şarabı veya sek şeri

30 ml / 2 yemek kaşığı su

2.5ml / ½ çay kaşığı tuz

Fasulye filizlerini kaynar suda 2 dakika haşladıktan sonra süzün. Yağı ısıtın, fasulye filizlerini 30 saniye kızartın. Ördeği ekleyin, iyice ısınana kadar soteleyin. Kalan malzemeleri ekleyin ve tatların karışması için 2 dakika kızartın. Bir kerede servis yapın.

haşlanmış ördek

4 kişilik

4 taze soğan (yeşil soğan), doğranmış
1 dilim zencefil kökü, doğranmış
120 ml / 4 fl oz / ½ fincan soya sosu
30 ml / 2 yemek kaşığı pirinç şarabı veya sek şeri
1 ördek
120 ml / 4 fl oz / ½ fincan yer fıstığı yağı (yer fıstığı)
600 ml / 1 puan / 2½ bardak su
15 ml / 1 yemek kaşığı esmer şeker

Taze soğan, zencefil, soya sosu ve şarap veya şeri karıştırın ve ördeğin içini ve dışını ovalayın. Yağı ısıtın ve ördeği her taraftan hafifçe kızarana kadar kızartın. Yağı boşaltın. Su ve kalan soya sosu karışımını ekleyin, kaynatın, üzerini kapatın ve 1 saat pişirin. Şekeri ekleyin, örtün ve ördek yumuşayana kadar 40 dakika daha pişirin.

Kereviz ile buğulanmış ördek

4 kişilik

350g pişmiş ördek, dilimlenmiş

1 baş kereviz

250 ml / 8 fl oz / 1 su bardağı tavuk suyu

2.5ml / ½ çay kaşığı tuz

5 ml / 1 çay kaşığı susam yağı

1 domates, dilimler halinde kesilmiş

Ördeği bir vapur rafına yerleştirin. Kerevizi 7,5 cm / 3 uzun parçaya bölün ve bir tencereye koyun. Et suyunu dökün, tuz ekleyin ve buharlı pişiriciyi tavanın üzerine yerleştirin. Et suyunu kaynatın, ardından kereviz yumuşayana ve ördek iyice ısınana kadar yaklaşık 15 dakika pişirin. Ördeği ve kerevizi ısıtılmış servis tabağına alın, üzerine susam yağı gezdirin ve domates dilimleri ile süsleyerek servis yapın.

zencefilli ördek

4 kişilik

350g / 12oz ördek göğsü, ince dilimlenmiş

1 yumurta, hafifçe çırpılmış

5 ml / 1 çay kaşığı soya sosu

5 ml / 1 tatlı kaşığı mısır unu (mısır nişastası)

5 ml / 1 çay kaşığı fıstık yağı

kızartma yağı

50g / 2oz bambu filizleri

50 gr / 2 ons kar bezelyesi

2 dilim zencefil kökü, doğranmış

15 ml / 1 yemek kaşığı su

2.5ml / ½ çay kaşığı şeker

2,5 ml / ½ çay kaşığı pirinç şarabı veya sek şeri

2,5 ml / ½ çay kaşığı susam yağı

Ördeği yumurta, soya sosu, mısır nişastası ve sıvı yağ ile karıştırıp 10 dakika dinlenmeye bırakın. Yağı ısıtın ve ördek ve bambu filizlerini pişip altın rengi olana kadar kızartın. Tavadan çıkarın ve iyice süzün. Tavadan 15ml / 1 çorba kaşığı hariç hepsini dökün ve ördeği, bambu filizlerini, kar bezelyesini, zencefili, suyu, şekeri ve şarabı veya şeriyi 2 dakika soteleyin. Üzerine susam yağı gezdirerek servis yapın.

Yeşil Fasulyeli Ördek

4 kişilik

1 ördek

60 ml / 4 yemek kaşığı fıstık yağı

2 diş ezilmiş sarımsak

2.5ml / ½ çay kaşığı tuz

1 doğranmış soğan

15 ml / 1 yemek kaşığı rendelenmiş kök zencefil

45 ml / 3 yemek kaşığı soya sosu

120 ml / 4 fl oz / ½ fincan pirinç şarabı veya sek şeri

60 ml / 4 yemek kaşığı domates sosu (ketçap)

45 ml / 3 yemek kaşığı şarap sirkesi

300 ml / ½ pt / 1¼ su bardağı tavuk suyu

1 pound / 450g yeşil fasulye, dilimlenmiş

bir tutam taze çekilmiş biber

5 damla biber yağı

15 ml / 1 yemek kaşığı mısır unu (mısır nişastası)

30 ml / 2 yemek kaşığı su

Ördeği 8-10 parçaya bölün. Yağı ısıtın ve ördeği altın rengi olana kadar kızartın. Bir kaseye aktarın. Sarımsak, tuz, soğan, zencefil, soya sosu, şarap veya şeri, domates sosu ve şarap sirkesini ekleyin. Karıştırın, üzerini kapatın ve buzdolabında 3 saat marine edin.

Yağı yeniden ısıtın, ördek, et suyu ve turşuyu ekleyin, kaynatın, üzerini kapatın ve 1 saat pişirin. Fasulyeleri ekleyin, örtün ve 15 dakika pişirin. Pul biber ve sıvı yağı ekleyin. Mısır unu ile suyu karıştırıp tencereye alın ve kısık ateşte sos koyulaşana kadar karıştırarak pişirin.

kızarmış buğulanmış ördek

4 kişilik

1 ördek
tuz ve taze çekilmiş karabiber
kızartma yağı
hoisin sosu

Ördeği tuz ve karabiberle tatlandırın ve ısıya dayanıklı bir kaba koyun. Kabın yüksekliğinin üçte ikisi olana kadar suyla dolu bir tencereye koyun, kaynatın, üzerini kapatın ve ördek yumuşayana kadar yaklaşık 1 1/2 saat pişirin. Süzün ve soğumaya bırakın.

Yağı ısıtın ve ördeği gevrek ve altın rengi olana kadar kızartın. İyice çıkarın ve süzün. Küçük parçalar halinde doğrayın ve hoisin sos ile servis yapın.

Egzotik Meyveli Ördek

4 kişilik

4 ördek göğsü filetosu, şeritler halinde kesilmiş

2,5 ml / ½ çay kaşığı beş baharat tozu

30 ml / 2 yemek kaşığı soya sosu

15 ml / 1 yemek kaşığı susam yağı

15 ml / 1 yemek kaşığı fıstık yağı

3 kereviz sapı, doğranmış

2 dilim ananas, doğranmış

100g / 4oz kavun, doğranmış

4 oz / 100g liçi, ikiye bölünmüş

130 ml / 4 fl oz / ½ fincan tavuk suyu

30 ml / 2 yemek kaşığı domates püresi (salça)

30 ml / 2 yemek kaşığı kuru üzüm sosu

10 ml / 2 çay kaşığı şarap sirkesi

bir tutam esmer şeker

Ördeği bir kaseye koyun. Beş baharat tozu, soya sosu ve susam yağını karıştırın, ördeğin üzerine dökün ve ara sıra karıştırarak 2 saat marine edin. Yağı ısıtın ve ördeği 8 dakika kızartın. Tavadan çıkarın. Kerevizi ve meyveleri ekleyip 5 dakika kavurun. Ördeği diğer malzemelerle birlikte tavaya geri koyun, kaynatın ve servis yapmadan önce 2 dakika karıştırarak pişirin.

Çin Yapraklı Kızarmış Ördek

4 kişilik

1 ördek

30 ml / 2 yemek kaşığı pirinç şarabı veya sek şeri

30 ml / 2 yemek kaşığı kuru üzüm sosu

15 ml / 1 yemek kaşığı mısır unu (mısır nişastası)

5 ml / 1 çay kaşığı tuz

5 ml / 1 çay kaşığı şeker

60 ml / 4 yemek kaşığı fıstık yağı

4 taze soğan (yeşil soğan), doğranmış

2 diş ezilmiş sarımsak

1 dilim zencefil kökü, doğranmış

75 ml / 5 yemek kaşığı soya sosu

600 ml / 1 puan / 2½ bardak su

225 gr Çin yaprağı, kıyılmış

Ördeği yaklaşık 6 parçaya kesin. Şarap veya şeri, hoisin sosu, mısır nişastası, tuz ve şekeri karıştırın ve ördeğin üzerine sürün. 1 saat bekletin. Yağı ısıtın ve taze soğan, sarımsak ve zencefili birkaç saniye kızartın. Ördeği ekleyin ve her tarafı hafif altın rengi olana kadar kızartın. Fazla yağı boşaltın. Soya sosu ve suyu dökün, kaynatın, üzerini kapatın ve yaklaşık 30 dakika pişirin. Çin yapraklarını ekleyin, tekrar kapatın ve ördek yumuşayana kadar 30 dakika daha pişirin.

sarhoş ördek

4 kişilik

2 yeşil soğan (yeşil soğan), doğranmış
2 diş kıyılmış sarımsak
1,5 l / 2½ puan / 6 bardak su
1 ördek
450 ml / ¾ pt / 2 su bardağı pirinç şarabı veya sek şeri

Frenk soğanı, sarımsak ve suyu büyük bir tencereye koyun ve kaynatın. Ördeği ekleyin, tekrar kaynatın, üzerini kapatın ve 45 dakika pişirin. İyice süzün, sıvıyı et suyu için ayırın. Ördeğin soğumasına izin verin, ardından gece boyunca buzdolabında bekletin. Ördeği parçalara ayırın ve bunları vidalı kapaklı büyük bir kavanoza koyun. Şarap veya şeri üzerine dökün ve süzüp soğuk servis yapmadan önce yaklaşık 1 hafta soğutun.

beş baharatlı ördek

4 kişilik

150 ml / ¼ pt / cömert ½ bardak pirinç şarabı veya sek şeri

150 ml / ¼ pt / cömert ½ su bardağı soya sosu

1 ördek

10 ml / 2 çay kaşığı beş baharat tozu

Şarabı veya şeri ve soya sosunu kaynatın. Ördeği ekleyin ve yaklaşık 5 dakika çevirerek pişirin. Ördeği tavadan çıkarın ve beş baharat tozunu cilde sürün. Kuşu tavaya geri koyun ve ördeği yarıya kadar kaplayacak kadar su ekleyin. Kaynatın, örtün ve ördek yumuşayana kadar yaklaşık 1 1/2 saat kısık ateşte pişirin, sık sık çevirin ve bastırın. Ördeği 5 cm / 2 parçaya bölün ve sıcak veya soğuk servis yapın.

Zencefilli Tavada Kızarmış Ördek

4 kişilik

1 ördek
2 dilim zencefil kökü, rendelenmiş
2 yeşil soğan (yeşil soğan), doğranmış
15 ml / 1 yemek kaşığı mısır unu (mısır nişastası)
30 ml / 2 yemek kaşığı soya sosu
30 ml / 2 yemek kaşığı pirinç şarabı veya sek şeri
2.5ml / ½ çay kaşığı tuz
45 ml / 3 yemek kaşığı fıstık yağı (yer fıstığı)

Eti kemiklerinden çıkarın ve parçalara ayırın. Eti yağ hariç kalan tüm malzemelerle karıştırın. 1 saat bekletin. Yağı ısıtın ve ördeği marine sosunda yaklaşık 15 dakika ördek yumuşayana kadar kızartın.

Jambonlu ve Pırasalı Ördek

4 kişilik

1 ördek

450 gr / 1 pound füme jambon

2 pırasa

2 dilim zencefil kökü, doğranmış

45 ml / 3 yemek kaşığı pirinç şarabı veya sek şeri

45 ml / 3 yemek kaşığı soya sosu

2.5ml / ½ çay kaşığı tuz

Ördeği bir tencereye koyun ve sadece soğuk suyla örtün. Kaynatın, örtün ve yaklaşık 20 dakika kısık ateşte pişirin. 450 ml / ¾ puan / 2 su bardağı suyu boşaltın ve ayırın. Ördeği hafifçe soğumaya bırakın, ardından eti kemiklerinden ayırın ve 5 cm'lik kareler halinde kesin. Jambonu benzer parçalar halinde kesin. Uzun pırasa parçalarını kesin ve bir dilim ördek ve jambonu çarşafın içine sarın ve bir ip ile bağlayın. Isıya dayanıklı bir kaba yerleştirin. Ayrılmış et suyuna zencefil, şarap veya şeri, soya sosu ve tuzu ekleyin ve ördek rulolarının üzerine dökün. Kaseyi, kasenin kenarlarının üçte ikisine gelecek şekilde su dolu bir tencereye yerleştirin. Kaynatın, örtün ve ördek yumuşayana kadar yaklaşık 1 saat kısık ateşte pişirin.

ballı kızarmış ördek

4 kişilik

1 ördek

tuz

3 diş sarımsak, ezilmiş

3 taze soğan (yeşil soğan), doğranmış

45 ml / 3 yemek kaşığı soya sosu

45 ml / 3 yemek kaşığı pirinç şarabı veya sek şeri

45 ml / 3 yemek kaşığı bal

200 ml / 7 fl oz / az 1 su bardağı kaynar su

Ördeği kurutun ve içini ve dışını tuzla ovun. Sarımsak, taze soğan, soya sosu ve şarap veya şeri karıştırın, ardından karışımı ikiye bölün. Balı ikiye bölün ve ördeğin üzerine sürün ve kurumaya bırakın. Suyu kalan bal karışımına ekleyin. Soya sosu karışımını ördeğin boşluğuna dökün ve alt kısmında biraz su bulunan bir kızartma tavasındaki rafa yerleştirin. Önceden ısıtılmış fırında 180°C/350°F/gaz işareti 4'te ördek yumuşayana kadar yaklaşık 2 saat kızartın ve pişirme boyunca kalan bal karışımını sürün.

ıslak kızarmış ördek

4 kişilik

6 taze soğan (yeşil soğan), doğranmış
2 dilim zencefil kökü, doğranmış
1 ördek
2,5 ml / ½ çay kaşığı öğütülmüş anason
15ml / 1 yemek kaşığı şeker
45 ml / 3 yemek kaşığı pirinç şarabı veya sek şeri
60 ml / 4 yemek kaşığı soya sosu
250 ml / 8 fl oz / 1 bardak su

Yeşil soğanların yarısını ve zencefili büyük, ağır tabanlı bir tavaya koyun. Kalanını ördeğin oyuğuna koyun ve tavaya ekleyin. Üzüm sosu hariç kalan tüm malzemeleri ekleyin, kaynatın, üzerini kapatın ve ara sıra çevirerek yaklaşık 1 1/2 saat pişirin. Ördeği tavadan çıkarın ve yaklaşık 4 saat kurumaya bırakın.

Ördeği biraz soğuk suyla dolu bir kızartma tavasında rafa koyun. Önceden ısıtılmış fırında 230°C/450°F/gaz işareti 8'de 15 dakika kızartın, ardından çevirin ve çıtır çıtır olana kadar 10 dakika daha kızartın. Bu arada, ayrılmış sıvıyı yeniden ısıtın ve servis yapmak için ördeğin üzerine dökün.

Mantarlı kızarmış ördek

4 kişilik

1 ördek

75 ml / 5 yemek kaşığı yer fıstığı yağı (yer fıstığı)

45 ml / 3 yemek kaşığı pirinç şarabı veya sek şeri

15 ml / 1 yemek kaşığı soya sosu

15ml / 1 yemek kaşığı şeker

5 ml / 1 çay kaşığı tuz

bir tutam biber

2 diş ezilmiş sarımsak

225g / 8oz mantar, ikiye bölünmüş

600 ml / 1 pt / 2½ su bardağı tavuk suyu

15 ml / 1 yemek kaşığı mısır unu (mısır nişastası)

30 ml / 2 yemek kaşığı su

5 ml / 1 çay kaşığı susam yağı

Ördeği 5 cm / 2 parçaya bölün, 45 ml / 3 yemek kaşığı yağı ısıtın ve ördeği her tarafı hafif altın rengi olana kadar kızartın. Şarap veya şeri, soya sosu, şeker, tuz ve karabiberi ekleyin ve 4 dakika pişirin. Tavadan çıkarın. Kalan yağı ısıtın ve sarımsağı hafif altın rengi olana kadar kızartın. Mantarları ekleyin ve yağla kaplanana kadar karıştırın, ardından ördek karışımını tavaya geri koyun ve suyu ekleyin. Kaynatın, örtün ve ördek yumuşayana kadar yaklaşık 1 saat kısık ateşte pişirin. Mısır unu ve suyu macun kıvamına gelene kadar karıştırın, ardından karışıma ekleyin ve sos koyulaşana kadar karıştırarak pişirin. Üzerine susam yağı gezdirip servis yapın.

iki mantarlı ördek

4 kişilik

6 adet kuru Çin mantarı

1 ördek

750 ml / 1 ¼ puan / 3 su bardağı tavuk suyu

45 ml / 3 yemek kaşığı pirinç şarabı veya sek şeri

5 ml / 1 çay kaşığı tuz

100g / 4oz bambu filizleri, şeritler halinde kesilmiş

100g / 4 ons mantar

Mantarları ılık suda 30 dakika bekletin, sonra süzün. Sapları atın ve üstleri ikiye bölün. Ördeği et suyu, şarap veya şeri ve tuzla birlikte ısıya dayanıklı büyük bir kaseye koyun ve kasenin kenarlarının üçte ikisi yukarı gelecek şekilde suyla dolu bir tencereye koyun. Kaynatın, örtün ve ördek yumuşayana kadar yaklaşık 2 saat kısık ateşte pişirin. Tavadan çıkarın ve eti kemikten ayırın. Pişirme sıvısını ayrı bir tavaya aktarın. Bambu filizlerini ve her iki mantar türünü de buharlı pişiricinin dibine yerleştirin, ördek etini değiştirin, üzerini örtün ve 30 dakika daha buharda pişirin. Pişirme sıvısını kaynatın ve servis yapmak için ördeğin üzerine dökün.

Soğanlı Kızarmış Ördek

4 kişilik

4 adet kuru Çin mantarı
1 ördek
90 ml / 6 yemek kaşığı soya sosu
60 ml / 4 yemek kaşığı fıstık yağı
1 taze soğan (yeşil soğan), doğranmış
1 dilim zencefil kökü, doğranmış
45 ml / 3 yemek kaşığı pirinç şarabı veya sek şeri
1 pound / 450g soğan, dilimlenmiş
100 gr / 4 ons bambu filizi, dilimlenmiş
15 ml / 1 yemek kaşığı esmer şeker
15 ml / 1 yemek kaşığı mısır unu (mısır nişastası)
45 ml / 3 yemek kaşığı su

Mantarları ılık suda 30 dakika bekletin, sonra süzün. Sapları atın ve üstleri kesin. Ördeğe 15 ml / 1 yemek kaşığı soya sosu sürün. 15 ml / 1 çorba kaşığı yağı ayırın, kalan yağı ısıtın ve taze soğanı ve zencefili hafif altın rengi olana kadar kızartın. Ördeği ekleyin ve her tarafı hafif altın rengi olana kadar kızartın. Aşırı yağları ortadan kaldırır. Tavaya şarap veya şeri, kalan soya sosu ve ördeği neredeyse kaplayacak kadar su ekleyin. Kaynatın, örtün ve ara sıra çevirerek 1 saat kısık ateşte pişirin.

Ayrılmış yağı ısıtın ve soğanları yumuşayana kadar kızartın. Ateşten alın ve bambu filizlerini ve mantarları ekleyin, ardından ördeğe ekleyin, üzerini kapatın ve ördek yumuşayana kadar 30 dakika daha pişirin. Ördeği tavadan çıkarın, parçalara ayırın ve sıcak servis tabağına alın. Tenceredeki sıvıları kaynatın, şeker ve mısır nişastasını ekleyin ve karışım kaynayana ve koyulaşana kadar karıştırarak pişirin. Servis yapmak için ördeğin üzerine dökün.

portakallı ördek

4 kişilik

1 ördek
3 taze soğan (yeşil soğan), parçalar halinde kesilmiş
2 dilim zencefil kökü, şeritler halinde kesilmiş
1 dilim portakal kabuğu
tuz ve taze çekilmiş karabiber

Ördeği büyük bir tencereye koyun, üzerini suyla kapatın ve kaynatın. Taze soğanları, zencefili ve portakal kabuğu rendesini ekleyin, üzerini kapatın ve ördek yumuşayana kadar yaklaşık 1 1/2 saat pişirin. Tuz ve karabiber serpin, süzün ve servis yapın.

portakallı kızarmış ördek

4 kişilik

1 ördek

2 diş sarımsak, ikiye bölünmüş

45 ml / 3 yemek kaşığı fıstık yağı (yer fıstığı)

1 soğan

1 portakal

120 ml / 4 fl oz / ½ fincan pirinç şarabı veya sek şeri

2 dilim zencefil kökü, doğranmış

5 ml / 1 çay kaşığı tuz

Sarımsağı ördeğin içine ve dışına sürün, ardından yağla fırçalayın. Soyulmuş soğanı bir çatalla delin, soyulmamış portakalla birlikte ördeğin boşluğuna yerleştirin ve bir şiş ile kapatın. Ördeği biraz sıcak suyla doldurulmuş bir kızartma tavasının üzerindeki rafa yerleştirin ve önceden ısıtılmış fırında 160°C/325°F/gaz işareti 3'te yaklaşık 2 saat kızartın. Sıvıları atın ve ördeği kızartma tavasına geri koyun. Şarap veya şeri dökün ve zencefil ve tuz serpin. 30 dakika daha fırına dönün. Soğanı ve portakalı atın ve servis yapmak için ördeği parçalara ayırın. Tava sularını servis etmek için ördeğin üzerine dökün.

Armut ve Kestaneli Ördek

4 kişilik
8 ons / 225 gr kestane, kabuklu
1 ördek
45 ml / 3 yemek kaşığı fıstık yağı (yer fıstığı)
250 ml / 8 fl oz / 1 su bardağı tavuk suyu
45 ml / 3 yemek kaşığı soya sosu
15 ml / 1 yemek kaşığı pirinç şarabı veya sek şeri
5 ml / 1 çay kaşığı tuz
1 dilim zencefil kökü, doğranmış
1 büyük armut, soyulmuş ve kalın dilimlenmiş
15ml / 1 yemek kaşığı şeker

Kestaneleri 15 dakika haşlayıp süzün. Ördeği 5 cm / 2 parçaya doğrayın, yağı ısıtın ve ördeği her tarafı hafifçe kızarana kadar kızartın. Fazla yağı boşaltın, ardından et suyu, soya sosu, şarap veya şeri, tuz ve zencefili ekleyin. Kaynatın, örtün ve ara sıra karıştırarak 25 dakika pişirin. Kestaneleri ekleyin, üzerini kapatın ve 15 dakika daha pişirin. Armutun üzerine şeker serpin, tavaya ekleyin ve tamamen ısınana kadar yaklaşık 5 dakika pişirin.

Pekin ördeği

6 için

1 ördek

250 ml / 8 fl oz / 1 bardak su

120 ml / 4 fl oz / ½ fincan bal

120 ml / 4 fl oz / ½ fincan susam yağı

Pankek için:

250 ml / 8 fl oz / 1 bardak su

225 gr / 8 ons / 2 su bardağı sade un (çok amaçlı)

kızartmak için fıstık yağı

Soslar için:

120 ml / 4 fl oz / ½ fincan hoisin sosu

30 ml / 2 yemek kaşığı esmer şeker

30 ml / 2 yemek kaşığı soya sosu

5 ml / 1 çay kaşığı susam yağı

6 taze soğan (yeşil soğan), uzunlamasına dilimlenmiş

1 adet şeritler halinde kesilmiş salatalık

Ördek, derisi bozulmamış halde bütün olmalıdır. Boynu iple sıkıca bağlayın ve alt açıklığı dikin veya geçirin. Boynun yanında küçük bir yarık açın, bir pipet sokun ve şişene kadar derinin altına hava üfleyin. Ördeği leğene asın ve 1 saat dinlenmeye bırakın.

Bir tencerede suyla kaynatın, ördeği ekleyin ve 1 dakika kaynatın, ardından çıkarın ve iyice kurulayın. Suyu kaynatın ve balı ekleyin. Karışımı, doyuncaya kadar ördek derisinin üzerine sürün. Ördeği, kabuğu sertleşene kadar yaklaşık 8 saat boyunca serin ve havadar bir yerde bir kabın üzerine asın.

Ördeği askıya alın veya bir kızartma tavasının üzerindeki bir rafa koyun ve önceden ısıtılmış fırında 180°C/350°F/gaz işareti 4'te yaklaşık 1½ saat boyunca düzenli olarak susam yağı ile yağlayarak kızartın.

Krep yapmak için suyu kaynatın, ardından yavaş yavaş unu ekleyin. Hamur yumuşak olana kadar hafifçe yoğurun, üzerini nemli bir bezle örtün ve 15 dakika dinlenmeye bırakın. Unlanmış zeminde merdane ile uzun silindir şekli verin. 2,5 cm / 1 inç dilimler halinde kesin, ardından yaklaşık 5 mm / ¼ kalınlığa kadar düzleştirin ve üstünü yağ ile fırçalayın. Yağlı yüzeyler birbirine değecek şekilde çiftler halinde istifleyin ve hafifçe un serpin. Çiftleri yaklaşık 10 cm/4 inç genişliğinde açın ve hafifçe altın rengi olana kadar her iki tarafını yaklaşık

1 dakika çiftler halinde pişirin. Ayırın ve servis yapmaya hazır olana kadar istifleyin.

Hoisin sosun yarısını şekerle, kalanını soya sosu ve susam yağıyla karıştırarak sosları hazırlayın.

Ördeği fırından çıkarın, derisini kesin ve kareler halinde kesin ve eti küpler halinde kesin. Ayrı tabaklara yerleştirin ve krep, sos ve garnitürlerle servis yapın.

Ananaslı Haşlanmış Ördek

4 kişilik

1 ördek

400 g / 14 oz şurup içinde konserve ananas parçaları

45 ml / 3 yemek kaşığı soya sosu

5 ml / 1 çay kaşığı tuz

bir tutam taze çekilmiş biber

Ördeği kalın tabanlı bir tencereye koyun, üzerini suyla kapatın, kaynatın, ardından üzerini kapatın ve 1 saat pişirin. Ananas şurubunu soya sosu, tuz ve karabiber ile tavaya boşaltın, üzerini kapatın ve 30 dakika daha pişirin. Ananas parçalarını ekleyin ve ördek yumuşayana kadar 15 dakika daha pişirin.

Ananaslı Sote Ördek

4 kişilik

1 ördek
45 ml / 3 yemek kaşığı mısır unu (mısır nişastası)
45 ml / 3 yemek kaşığı soya sosu
225 g / 8 oz şurup içinde konserve ananas
45 ml / 3 yemek kaşığı fıstık yağı (yer fıstığı)
2 dilim zencefil kökü, şeritler halinde kesilmiş
15 ml / 1 yemek kaşığı pirinç şarabı veya sek şeri
5 ml / 1 çay kaşığı tuz

Eti kemikten ayırın ve parçalara ayırın. Soya sosunu 30ml / 2 yemek kaşığı mısır unu ile karıştırın ve iyice kaplanana kadar ördeğe karıştırın. Ara sıra karıştırarak 1 saat bekletin. Ananas ve şurubu ezin ve bir tavada hafifçe ısıtın. Kalan mısır ununu bir miktar su ile karıştırarak tencereye alın ve kısık ateşte sos koyulaşana kadar karıştırarak pişirin. Sıcak kalmak. Yağı ısıtın ve zencefili hafifçe kızarana kadar kızartın, ardından zencefili atın. Ördeği ekleyin ve her tarafı hafif altın rengi olana kadar kızartın. Şarap veya şeri ve tuzu ekleyin ve ördek pişene kadar birkaç dakika daha kızartın. Ördeği ısıtılmış servis tabağına alın, üzerine sosu gezdirin ve hemen servis yapın.

ananas zencefilli ördek

4 kişilik

1 ördek

100 g / 4 oz şurup içinde konserve zencefil

200 gr şurup içinde konserve ananas parçaları

5 ml / 1 çay kaşığı tuz

15 ml / 1 yemek kaşığı mısır unu (mısır nişastası)

30 ml / 2 yemek kaşığı su

Ördeği ısıya dayanıklı bir kaseye yerleştirin ve kasenin kenarlarının üçte ikisi yukarıya gelene kadar suyla dolu bir tencereye koyun. Kaynatın, örtün ve ördek yumuşayana kadar yaklaşık 2 saat kısık ateşte pişirin. Ördeği çıkarın ve hafifçe soğumaya bırakın. Deriyi ve kemiği çıkarın ve ördeği parçalara ayırın. Servis tabağına dizin ve sıcak tutun.

Zencefili ve ananas şurubunu bir tencereye boşaltın, tuz, mısır unu ve suyu ekleyin. Kaynatın, karıştırın ve sos incelip kalınlaşana kadar karıştırarak birkaç dakika pişirin. Zencefili ve ananası ekleyin, karıştırın ve servis için ördeğin üzerine dökün.

Ananas ve Lychees ile Ördek

4 kişilik

4 ördek göğsü
15 ml / 1 yemek kaşığı soya sosu
1 yıldız anason karanfil
1 dilim zencefil kökü
kızartmak için fıstık yağı
90 ml / 6 yemek kaşığı şarap sirkesi
100 gr / 4 ons / ½ su bardağı esmer şeker
250 ml / 8 fl oz / ½ fincan tavuk suyu
15 ml / 1 yemek kaşığı domates sosu (ketçap)
200 gr şurup içinde konserve ananas parçaları
15 ml / 1 yemek kaşığı mısır unu (mısır nişastası)
6 konserve liçi
6 maraschino kirazı

Ördekleri, soya sosu, anason ve zencefili bir tencereye koyun ve üzerini soğuk suyla kapatın. Bir kaynamaya getirin, süzün, ardından örtün ve ördek pişene kadar yaklaşık 45 dakika pişirin. Süzün ve kurutun. Kızgın yağda kızarana kadar kızartın.

Bu arada şarap sirkesi, şeker, et suyu, domates sosu ve 30ml/2 yemek kaşığı ananas şurubunu bir sos tenceresine alın, kaynatın ve koyulaşana kadar yaklaşık 5 dakika pişirin. Servis yapmak için ördeğin üzerine dökmeden önce meyveyi ekleyin ve ısıtın.

Domuz Eti ve Kestane ile Ördek

4 kişilik

6 adet kuru Çin mantarı

1 ördek

8 ons / 225 gr kestane, kabuklu

225g / 8oz yağsız domuz eti, kuşbaşı

3 taze soğan (yeşil soğan), doğranmış

1 dilim zencefil kökü, doğranmış

250 ml / 8 fl oz / 1 su bardağı soya sosu

900 ml / 1½ puan / 3¾ bardak su

Mantarları ılık suda 30 dakika bekletin, sonra süzün. Sapları atın ve üstleri kesin. Kalan tüm malzemelerle birlikte büyük bir tavaya koyun, kaynatın, üzerini kapatın ve ördek pişene kadar yaklaşık 1 1/2 saat pişirin.

patatesli ördek

4 kişilik

75 ml / 5 yemek kaşığı yer fıstığı yağı (yer fıstığı)

1 ördek

3 diş sarımsak, ezilmiş

30 ml / 2 yemek kaşığı siyah fasulye sosu

10 ml / 2 çay kaşığı tuz

1,2 l / 2 puan / 5 bardak su

2 pırasa, kalın dilimlenmiş

15ml / 1 yemek kaşığı şeker

45 ml / 3 yemek kaşığı soya sosu

60 ml / 4 yemek kaşığı pirinç şarabı veya sek şeri

1 yıldız anason karanfil

900 gr / 2 lb patates, kalın dilimlenmiş

½ baş Çin yaprağı

15 ml / 1 yemek kaşığı mısır unu (mısır nişastası)

30 ml / 2 yemek kaşığı su

düz yaprak maydanoz dal

60 ml / 4 yemek kaşığı yağı ısıtın ve ördeği her taraftan altın rengi kahverengi olana kadar kızartın. Boynun ucunu bağlayın

veya dikin ve ördeği boyun kısmı aşağı gelecek şekilde derin bir kaseye yerleştirin. Kalan yağı ısıtın ve sarımsağı hafif altın rengi olana kadar kızartın. Siyah fasulye sosu ve tuzu ekleyip 1 dakika kavurun. Su, pırasa, şeker, soya sosu, şarap veya şeri ve yıldız anasonu ekleyip kaynatın. 120 ml / 8 fl oz / 1 fincan karışımı ördeğin boşluğuna dökün ve sabitlemek için bağlayın veya dikin. Karışımın geri kalanını tavada kaynatın. Ördeği ve patatesleri ekleyin, örtün ve ördeği bir kez çevirerek 40 dakika pişirin. Çin yapraklarını servis tabağına dizin. Ördeği tavadan çıkarın, 5 cm / 2 parçaya kesin ve patateslerle birlikte servis tabağına alın. Mısır unu ile suyu macun kıvamına gelene kadar karıştırıp tencereye alın ve kısık ateşte sos koyulaşana kadar karıştırarak pişirin.

Kırmızı Haşlanmış Ördek

4 kişilik

1 ördek
4 taze soğan (yeşil soğan), parçalar halinde kesilmiş
2 dilim zencefil kökü, şeritler halinde kesilmiş
90 ml / 6 yemek kaşığı soya sosu
45 ml / 3 yemek kaşığı pirinç şarabı veya sek şeri
10 ml / 2 çay kaşığı tuz
10 ml / 2 çay kaşığı şeker

Ördeği ağır bir tavaya koyun, sadece suyla örtün ve kaynatın. Frenk soğanı, zencefil, şarap veya şeri ve tuz ekleyin, örtün ve yaklaşık 1 saat pişirin. Şekeri ekleyin ve ördek yumuşayana kadar 45 dakika daha pişirin. Ördeği dilimleyerek servis tabağına alın ve sıcak veya soğuk, soslu veya sossuz olarak servis edin.

Pirinç Şarabı Kavrulmuş Ördek

4 kişilik

1 ördek

500 ml / 14 fl oz / 1¾ su bardağı pirinç şarabı veya sek şeri

5 ml / 1 çay kaşığı tuz

45 ml / 3 yemek kaşığı soya sosu

Ördeği şeri ve tuzla birlikte kalın tabanlı bir tavaya koyun, kaynatın, üzerini kapatın ve 20 dakika kısık ateşte pişirin. Ördeği boşaltın, sıvıyı ayırın ve soya sosuyla ovalayın. Biraz sıcak su ile doldurulmuş bir kızartma tavasında rafa yerleştirin ve önceden ısıtılmış fırında 180°C / 350°F / gaz işareti 4'te yaklaşık 1 saat kızartın, düzenli olarak ayrılmış şarap sıvısıyla doldurun.

Pirinç şarabı ile buğulanmış ördek

4 kişilik

1 ördek
4 taze soğan (yeşil soğan), ikiye bölünmüş
1 dilim zencefil kökü, doğranmış
250 ml / 8 fl oz / 1 su bardağı pirinç şarabı veya sek şeri
30 ml / 2 yemek kaşığı soya sosu
bir tutam tuz

Ördeği kaynar suda 5 dakika haşlayıp süzün. Kalan malzemelerle birlikte ısıya dayanıklı bir kaba koyun. Kaseyi, kasenin kenarlarının üçte ikisine gelecek şekilde su dolu bir tencereye yerleştirin. Kaynatın, örtün ve ördek yumuşayana kadar yaklaşık 2 saat kısık ateşte pişirin. Servis yapmadan önce frenk soğanı ve zencefili atın.

tuzlu ördek

4 kişilik

45 ml / 3 yemek kaşığı fıstık yağı (yer fıstığı)

4 ördek göğsü

3 taze soğan (soğan), dilimlenmiş

2 diş ezilmiş sarımsak

1 dilim zencefil kökü, doğranmış

250 ml / 8 fl oz / 1 su bardağı soya sosu

30 ml / 2 yemek kaşığı pirinç şarabı veya sek şeri

30 ml / 2 yemek kaşığı esmer şeker

5 ml / 1 çay kaşığı tuz

450 ml / ¾ puan / 2 su bardağı su

15 ml / 1 yemek kaşığı mısır unu (mısır nişastası)

Yağı ısıtın ve ördek göğüslerini kızarana kadar kızartın. Frenk soğanı, sarımsak ve zencefili ekleyin ve 2 dakika kızartın. Soya sosu, şarap veya şeri, şeker ve tuzu ekleyin ve iyice karıştırın. Su ekleyin, kaynatın, örtün ve et çok yumuşayana kadar yaklaşık 1 1/2 saat pişirin. Mısır ununu biraz su ile karıştırıp tavaya alın ve kısık ateşte sos koyulaşana kadar karıştırarak pişirin.

Yeşil Fasulyeli Tuzlu Ördek

4 kişilik

45 ml / 3 yemek kaşığı fıstık yağı (yer fıstığı)
4 ördek göğsü
3 taze soğan (soğan), dilimlenmiş
2 diş ezilmiş sarımsak
1 dilim zencefil kökü, doğranmış
250 ml / 8 fl oz / 1 su bardağı soya sosu
30 ml / 2 yemek kaşığı pirinç şarabı veya sek şeri
30 ml / 2 yemek kaşığı esmer şeker
5 ml / 1 çay kaşığı tuz
450 ml / ¾ puan / 2 su bardağı su
225 gr / 8 ons yeşil fasulye
15 ml / 1 yemek kaşığı mısır unu (mısır nişastası)

Yağı ısıtın ve ördek göğüslerini kızarana kadar kızartın. Frenk soğanı, sarımsak ve zencefili ekleyin ve 2 dakika kızartın. Soya sosu, şarap veya şeri, şeker ve tuzu ekleyin ve iyice karıştırın. Suyu ekleyin, kaynatın, örtün ve yaklaşık 45 dakika pişirin. Fasulyeleri ekleyin, örtün ve 20 dakika daha pişirin. Mısır ununu biraz su ile karıştırıp tavaya alın ve kısık ateşte sos koyulaşana kadar karıştırarak pişirin.

yavaş pişmiş ördek

4 kişilik

1 ördek

50 gr / 2 ons / ½ su bardağı mısır unu (mısır nişastası)

kızartma yağı

2 diş ezilmiş sarımsak

30 ml / 2 yemek kaşığı pirinç şarabı veya sek şeri

30 ml / 2 yemek kaşığı soya sosu

5 ml / 1 çay kaşığı rendelenmiş zencefil kökü

750 ml / 1¼ puan / 3 su bardağı tavuk suyu

4 adet kuru Çin mantarı

225 gr / 8 ons bambu filizi, dilimlenmiş

225g / 8oz su kestanesi, dilimlenmiş

10 ml / 2 çay kaşığı şeker

bir tutam biber

5 taze soğan (soğan), dilimlenmiş

Ördeği küçük parçalar halinde kesin. Mısır unundan 30 ml / 2 yemek kaşığı ayırın ve kalan mısır unuyla ördeği kaplayın. Fazla tozu alın. Yağı ısıtın ve sarımsağı ve ördeği hafif altın rengi olana kadar kızartın. Tavadan çıkarın ve mutfak kağıdının üzerine boşaltın. Ördeği büyük bir tavaya koyun.

Şarap veya şeri, 15 ml / 1 yemek kaşığı soya sosu ve zencefili karıştırın. Tavaya ekleyin ve 2 dakika yüksek ateşte pişirin. Et suyunun yarısını ekleyin, kaynatın, örtün ve ördek yumuşayana kadar yaklaşık 1 saat pişirin.

Bu arada mantarları ılık suda 30 dakika bekletin, sonra süzün. Sapları atın ve üstleri kesin. Ördeğe mantarları, bambu filizlerini ve kestaneleri ekleyin ve sık sık karıştırarak 5 dakika pişirin. Yağı sıvıdan alın. Kalan et suyu, mısır unu ve soya sosu ile şeker ve karabiberi karıştırıp tavada karıştırın. Kaynatın, karıştırın, ardından sos kalınlaşana kadar yaklaşık 5 dakika pişirin. Sıcak bir servis kasesine aktarın ve frenk soğanı ile süsleyerek servis yapın.

sote ördek

4 kişilik

1 yumurta akı, hafifçe çırpılmış

20 ml / 1½ yemek kaşığı mısır unu (mısır nişastası)

tuz

450 gr ördek göğsü, ince dilimlenmiş

45 ml / 3 yemek kaşığı fıstık yağı (yer fıstığı)

2 taze soğan (yeşil soğan), şeritler halinde kesilmiş

1 adet şeritler halinde kesilmiş yeşil biber

5 ml / 1 çay kaşığı pirinç şarabı veya sek şeri

75 ml / 5 yemek kaşığı tavuk suyu

2.5ml / ½ çay kaşığı şeker

Yumurta beyazını 15 ml / 1 yemek kaşığı mısır unu ve bir tutam tuz ile çırpın. Dilimlenmiş ördeği ekleyin ve ördek kaplanana kadar karıştırın. Yağı ısıtın ve ördeği iyice pişip altın rengi olana kadar kızartın. Ördeği tavadan çıkarın ve 30ml / 2 yemek kaşığı yağ hariç hepsini boşaltın. Taze soğanları ve dolmalık biberi ekleyin ve 3 dakika kızartın. Şarap veya şeri, et suyu ve şekeri ekleyin ve kaynatın. Kalan mısır ununu biraz suyla karıştırın, sosa ekleyin ve sos koyulaşana kadar karıştırarak pişirin. Ördeği ekleyin, ısıtın ve servis yapın.

tatlı patates ile ördek

4 kişilik

1 ördek

250 ml / 8 fl oz / 1 su bardağı yer fıstığı yağı (yer fıstığı)

8 ons / 225g tatlı patates, soyulmuş ve küp şeklinde doğranmış

2 diş ezilmiş sarımsak

1 dilim zencefil kökü, doğranmış

2,5 ml / ½ çay kaşığı tarçın

2,5 ml / ½ çay kaşığı öğütülmüş karanfil

bir tutam öğütülmüş anason

5 ml / 1 çay kaşığı şeker

15 ml / 1 yemek kaşığı soya sosu

250 ml / 8 fl oz / 1 su bardağı tavuk suyu

15 ml / 1 yemek kaşığı mısır unu (mısır nişastası)

30 ml / 2 yemek kaşığı su

Ördeği 5 cm / 2 parçaya doğrayın, yağı ısıtın ve patatesleri kızarana kadar kızartın. Tavadan çıkarın ve 30 ml / 2 yemek kaşığı yağ hariç hepsini boşaltın. Sarımsak ve zencefili ekleyin ve 30 saniye kızartın. Ördeği ekleyin ve her tarafı hafif altın rengi olana kadar kızartın. Baharatları, şekeri, soya sosu ve suyu ekleyin ve kaynatın. Patatesleri ekleyin, örtün ve ördek yumuşayana kadar yaklaşık 20 dakika pişirin. Mısır unu ile suyu bir macun haline getirin, ardından tavaya ilave edin ve sos kalınlaşana kadar karıştırarak pişirin.

tatlı ve ekşi ördek

4 kişilik

1 ördek

1,2 lt / 2 puan / 5 su bardağı tavuk suyu

2 soğan

2 havuç

2 diş sarımsak, dilimlenmiş

15 ml / 1 yemek kaşığı salamura baharatı

10 ml / 2 çay kaşığı tuz

10 ml / 2 çay kaşığı fıstık yağı

6 taze soğan (yeşil soğan), doğranmış

1 mango, soyulmuş ve küp şeklinde doğranmış

12 lychee, ikiye bölünmüş

15 ml / 1 yemek kaşığı mısır unu (mısır nişastası)

15 ml / 1 yemek kaşığı şarap sirkesi

10 ml / 2 çay kaşığı domates püresi (salça)

15 ml / 1 yemek kaşığı soya sosu

5 ml / 1 çay kaşığı beş baharat tozu

300 ml / ½ pt / 1¼ su bardağı tavuk suyu

Ördeği et suyu, soğan, havuç, sarımsak, turşu ve tuz içeren bir tencerenin üzerine bir buharlı pişirme sepetine yerleştirin. Örtün ve 2 1/2 saat buharlayın. Ördeği soğutun, örtün ve 6 saat soğumaya bırakın. Eti kemiklerinden çıkarın ve küpler halinde kesin. Yağı ısıtın ve ördeği ve frenk soğanı çıtır çıtır olana kadar kızartın. Malzemelerin geri kalanını ekleyin, kaynatın ve sos koyulaşana kadar karıştırarak 2 dakika pişirin.

mandalina ördeği

4 kişilik

1 ördek

60 ml / 4 yemek kaşığı fıstık yağı

1 adet kurutulmuş mandalina kabuğu

900 ml / 1½ puan / 3¾ su bardağı tavuk suyu

5 ml / 1 çay kaşığı tuz

Ördeği 2 saat kuruması için asın. Yağın yarısını ısıtın ve ördeği hafif altın rengi olana kadar kızartın. Isıya dayanıklı büyük bir kaba aktarın. Kalan yağı ısıtın ve mandalina kabuğunu 2 dakika kızartın ve ardından ördeğin içine yerleştirin. Et suyunu ördeğin üzerine dökün ve tuzlayın. Kâseyi buharlı pişiricideki rafa yerleştirin, üzerini örtün ve ördek yumuşayana kadar yaklaşık 2 saat buharda pişirin.

sebzeli ördek

4 kişilik

16 parçaya bölünmüş 1 büyük ördek

tuz

300 ml / ½ puan / 1¼ bardak su

300 ml / ½ pt / 1¼ su bardağı sek beyaz şarap

120 ml / 4 fl oz / ½ fincan şarap sirkesi

45 ml / 3 yemek kaşığı soya sosu

30 ml / 2 yemek kaşığı erik sosu

30 ml / 2 yemek kaşığı kuru üzüm sosu

5 ml / 1 çay kaşığı beş baharat tozu

6 taze soğan (yeşil soğan), doğranmış

2 doğranmış havuç

5 cm / 2 doğranmış beyaz turp

50g Çin lahanası, doğranmış

taze kara biber

5 ml / 1 çay kaşığı şeker

Ördek parçalarını bir kaseye koyun, üzerine tuz serpin ve su ve şarabı ekleyin. Şarap sirkesi, soya sosu, erik sosu, kuru üzüm sosu ve beş baharat tozunu ekleyin, kaynatın, üzerini kapatın ve yaklaşık 1 saat pişirin. Sebzeleri tavaya ekleyin, kapağı çıkarın ve 10 dakika daha pişirin. Tuz, karabiber ve şekerle tatlandırıp soğumaya bırakın. Örtün ve gece boyunca soğutun. Yağı kesin, ardından ördeği sosta 20 dakika ısıtın.

Sebzeli Sote Ördek

4 kişilik

4 adet kuru Çin mantarı

1 ördek

10 ml / 2 çay kaşığı mısır unu (mısır nişastası)

15 ml / 1 yemek kaşığı soya sosu

45 ml / 3 yemek kaşığı fıstık yağı (yer fıstığı)

100g / 4oz bambu filizleri, şeritler halinde kesilmiş

50 gr / 2 ons su kestanesi, şeritler halinde kesilmiş

120 ml / 4 fl oz / ½ fincan tavuk suyu

15 ml / 1 yemek kaşığı pirinç şarabı veya sek şeri

5 ml / 1 çay kaşığı tuz

Mantarları ılık suda 30 dakika bekletin, sonra süzün. Sapları atın ve üstleri zar atın. Eti kemiklerinden çıkarın ve parçalara ayırın. Mısır unu ve soya sosunu karıştırıp ördek etlerine ekleyin ve 1 saat dinlenmeye bırakın. Yağı ısıtın ve ördeği her taraftan hafifçe kızarana kadar kızartın. Tavadan çıkarın. Tavaya mantarları, bambu filizlerini ve kestaneleri ekleyin ve 3 dakika pişirin. Et suyu, şarap veya şeri ve tuz ekleyin, kaynatın ve 3 dakika pişirin. Ördeği tavaya geri koyun, örtün ve ördek yumuşayana kadar 10 dakika daha pişirin.

Beyaz Pişmiş Ördek

4 kişilik

1 dilim zencefil kökü, doğranmış

250 ml / 8 fl oz / 1 su bardağı pirinç şarabı veya sek şeri

tuz ve taze çekilmiş karabiber

1 ördek

3 taze soğan (yeşil soğan), doğranmış

5 ml / 1 çay kaşığı tuz

100 gr / 4 ons bambu filizi, dilimlenmiş

100g / 4oz füme jambon, dilimlenmiş

Zencefil, 15 ml / 1 yemek kaşığı şarap veya şeri, biraz tuz ve karabiberi karıştırın. Ördeğin üzerine sürün ve 1 saat bekletin. Kuşu marine ile birlikte kalın tabanlı bir tavaya koyun ve yeşil soğanları ve tuzu ekleyin. Ördeği örtecek kadar soğuk su ekleyin, kaynatın, örtün ve ördek yumuşayana kadar yaklaşık 2 saat pişirin. Bambu filizlerini ve jambonu ekleyin ve 10 dakika daha pişirin.

şaraplı ördek

4 kişilik

1 ördek
15 ml / 1 yemek kaşığı sarı fasulye sosu
1 dilimlenmiş soğan
1 şişe sek beyaz şarap

Ördeğin içini ve dışını sarı fasulye sosuyla ovun. Soğanı boşluğun içine yerleştirin. Şarabı büyük bir tencerede kaynatın, ördeği ekleyin, tekrar kaynatın, üzerini kapatın ve ördek yumuşayana kadar yaklaşık 3 saat pişirin. Süzün ve servis yapmak için dilimler halinde kesin.